Friedhold Vogel

Gott begegnen, aber wie?

Friedhold Vogel
Gott begegnen, aber wie?

Bestell-Nr. 271.038
ISBN 978-3-86353-038-9

Dieses Buch erschien erstmalig 1988
im Hänssler-Verlag Neuhausen-Stuttgart.
Ursprünglich gesonderte Ausg. u. d. T.: *Christ werden – wie geschieht das?* und *Geboren, um glücklich zu sein*
4. Auflage 2016
© der überarbeiteten Neuauflage 2013
Christliche Verlagsgesellschaft Dillenburg
www.cv-dillenburg.de
Umschlaggestaltung und Satz: Christliche Verlagsgesellschaft
Dillenburg
Umschlagmotiv und Foto im Innenteil: © ollyy/Shutterstock
Druck: GGP Media GmbH, Pößneck
Printed in Germany

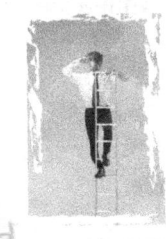

Inhalt

Die Frage nach Gott – eine Menschheitsfrage!

625 Jugendlichen wurde im Religionsuntenicht die Frage gestellt: „Was würdest du tun, wenn du nur noch einen Tag zu leben hättest?" 530 Schüler antworteten. Einige schrieben, dass sie dann die Frage bewegen würde, wie man Gott begegnen kann.

Diese Frage lässt die Menschen nicht zur Ruhe kommen. Sie ist der eigentliche Hintergrund aller Religionen und sie gehört zu den fundamentalen Fragen der Menschheit.

Die Antworten, die darauf gegeben werden, fallen sehr verschieden aus. Vereinfacht kann man sie in drei Gruppen einteilen.

In die erste Gruppe reihe ich die ein, die dieses Thema von der Tagesordnung gestrichen haben. Einige haben es nach langen Denkprozessen getan, andere als Nachsager, oberflächlich, mit einer Handbewegung.

Zur zweiten Gruppe gehören Menschen, die sich mehr oder weniger mit einer nichtssagenden Begrifflichkeit zufriedengeben oder die sich ihr eigenes, oft sehr nebulöses und mit vielen Fragezeichen versehenes Bild von Gott gemacht haben.

In einem Interview wurde der Regisseur Fredi Murer, der für seinen Film *Höhenfeuer* den „Goldenen Leoparden" erhielt, gefragt: „Die Religion spielt in Ihrem Film eine tragende Rolle. Glauben Sie an einen persönlichen Gott?" Murer antwortete: „Ich glaube an eine höhere Energie, an die Macht der Liebe in der Religion."

„Höhere Energie" und „Macht der Liebe in der Religion" – das sind solche nichtssagenden Begrifflichkeiten. Andere sprechen von „Vorsehung", „Herrgott", „Allmacht". Verschwommene Konzepte.

Und dann gibt es Menschen, die sagen, dass sie Gott begegnet sind, dass sie ihn persönlich kennen, dass sie mit ihm leben. Sie können aus persönlicher Erfahrung das unterstreichen, was die Bibel sagt: „Herr, du erforschst mich und kennst mich. Ich sitze oder stehe auf, so weißt du es; du verstehst meine Gedanken von ferne. Ich gehe oder liege, so bist du um mich und siehst alle meine Wege. Denn siehe, es ist kein Wort auf meiner Zunge, das du, Herr, nicht schon wüsstest. Von allen Seiten umgibst du mich und hältst deine Hand über mir" (Psalm 139,1–5).

Ich gehöre zu diesen Menschen. Und wenn ich hier über „Gott begegnen" schreibe, dann geschieht das aus vielen persönlichen Erfahrungen heraus. Gott begegnen ist keine „Momentaufnahme" – es ist ein das ganze Leben prägendes Ereignis.

Und nun bitte ich Sie, zu diesem Thema Jesus Christus selbst zu hören: „Ich bin der Weg und die Wahrheit und das Leben; niemand kommt zum Vater außer durch mich" (Johannes 14,6).

Wenn ein Mensch Gott begegnen will, dann ist das nur über Jesus Christus möglich, so jedenfalls hat er selbst es formuliert. Das muss geprüft werden und das muss begründet werden. Ich werde darum in den folgenden Kapiteln immer wieder den Begriff „Christsein" verwenden. Gott begegnen und Christsein gehören zusammen, denn Jesus Christus hat gesagt: „Wer mich sieht, der sieht den Vater" (Johannes 14,9).

Gott begegnen – was bringt das?

Darf man eigentlich so kalkulierend fragen, wenn man Christ werden will? Wer einen Beruf wählt, wer sich ein Auto kauft, wer eine Urlaubsreise plant – gut, der darf ganz nüchtern die Frage stellen: Was bringt das? Was habe ich davon? Aber als Einstieg ins Christsein?

Schon vor 2000 Jahren brannte diese Frage den Männern unter den Nägeln, die sich dem Sohn Gottes angeschlossen hatten. Auf einer Wanderung fing Petrus damit an und fragte Jesus: „Siehe, wir haben alles verlassen und sind dir nachgefolgt; was wird uns dafür?" (Matthäus 19,27).

„Was wird uns dafür?" – und Jesus nimmt diese Frage sehr ernst und beantwortet sie seinen Jüngern. Das gibt mir die Freiheit, dieses Thema zu behandeln. Bevor ich damit beginne, möchte ich Ihnen von einem Erlebnis berichten.

Während meines Theologiestudiums hatte ich viele Gelegenheiten, die gute Nachricht von Jesus Christus zu predigen. Dabei lernte ich an einem Sonntagmorgen einen jungen Mann kennen. Er hatte sich vermutlich in diese Kirche verirrt, denn er war, soweit ich mich erinnere, der einzige Jugendliche unter lauter älteren Menschen. Das war so auffallend, dass ich am Schluss des Gottesdienstes auf ihn zuging und nach seinem Namen fragte. Damit begann eine wunderbare Geschichte. Nach einem tiefgehenden seelsorgerlichen Gespräch vertraute er sein Leben ganz Jesus Christus an. Ich werde das Gebet dieses jungen Menschen nie vergessen, das er am gleichen Abend im Zimmer seines Freundes sprach. Eine unbeschreibliche Freude brach in sein Leben ein. Einige Zeit danach erzählte er mir, dass er bis spät in die Nacht hinein in seinem Bett gesungen habe, bis seine Mutter das Zimmer betrat und ihn aufforderte, jetzt endlich das Konzert abzubrechen. Gott war ihm begegnet. Freude erfüllte sein Herz. Er konnte nicht schweigen.

Warum erzähle ich das? Ich möchte daran zeigen, dass Christsein nur möglich ist, weil Jesus Christus lebt. Er ist Realität. Ein Christ hat es nicht mit Theorien, nicht mit theologischen Lehrsätzen, nicht mit frommen Vorstellungen, sondern mit dem lebendigen Gott zu tun. Ein Christ ist ein Mensch, der sein Leben dem von den Toten auferstandenen Jesus Christus anvertraut hat. Er lebt mit Jesus, und darum erlebt er Jesus. Das ist das Atemberaubende am Christsein – die persönliche Beziehung zu Jesus Christus. Kennen Sie das?

Und nun möchte ich Ihnen das am Anfang sehr eindrücklich zurufen: Ein bisschen Religiosität, ein gelegentlich traditioneller Kirchgang, ein Bibelspruch an der Wand und der Glaube an den lieben Gott – das bringt Ihnen nichts. Das ist eine gefährliche Beruhigungspille. Das verwandelt weder Ihr Leben noch rettet es Sie vor der Hölle. Es trägt nicht – im Leben nicht und im Sterben nicht – und es macht niemals glücklich.

Aber wenn Sie sich durch eine klare Bekehrung, durch Umkehr und Vertrauen, an Jesus Christus gebunden haben, wenn er zum Mittelpunkt Ihres Lebens geworden ist – das bringt's, das trägt, das erfüllt. Und davon möchte ich hier sprechen. Dazu im Folgenden einige Grundaussagen ...

1. Christsein bringt ein von Schuld befreites Leben

Während eines missionarischen Einsatzes im Ammerland komme ich auf der Straße mit drei jungen Männern ins Gespräch. Ich frage sie nach ihrer Beziehung zu Gott und stelle fest: totale Fehlmeldung. Obwohl der eine jeden Sonntag zur Kirche geht und die beiden anderen aufgeschlossen antworten, stehen sie der Frage nach der Gottesbeziehung völlig verunsichert gegenüber. Im Laufe der Unterhaltung zeige ich Ihnen, dass Sünde das von Gott trennende Element in ihrem Leben ist.

Der Prophet Jesaja schreibt: „Eure Verschuldungen scheiden euch von eurem Gott, und eure Sünden verbergen sein Angesicht vor euch" (Jesaja 59,2).

Dr. Billy Graham sagt: „Alles scheint sich zu verbessern, nur nicht der Mensch." Nach langjährigen psychologischen Studien kommt C. G. Jung zu der Feststellung: „All die primitiven Sünden sind nicht tot, sondern sie kauern in den dunklen Ecken unserer modernen Herzen ... immer noch vorhanden und schaurig wie immer."

Der Mensch im nachchristlichen Jahrhundert ist zwar nicht mehr in der Lage, Sünden deutlich zu erkennen, denn er hat die Maßstäbe Gottes, sein Wort und seine Gebote aus seinem Gesichtskreis verbannt, aber die Folgen der Sünde erlebt er spürbar. Sein Leben ist von Sinnlosigkeit, Unfrieden, Angst, Stress, Unzufriedenheit, Aggression und Einsamkeit gekennzeichnet.

Die Ursachen vieler körperlicher und noch mehr seelischer Erkrankungen liegen in unvergebenen Sünden. Sünde ist eine geistige Krankheit, die unaufhaltsam den ganzen Menschen zerstört. Darum braucht der Mensch vor allem und zuerst Vergebung seiner Sünde. Er braucht ein reales Wegnehmen seiner Schuld.

Die brennende Frage lautet: Wer kann mir meine Sünden wegnehmen? Wer ist in der Lage, existenziell und reinigend in diese Tiefen meines Lebens zu greifen und die Krebsgeschwüre der Sünde zu entfernen?

Die Bibel berichtet, dass während einer Predigt, die Jesus in einem Haus in Kapernaum hielt, etwas Aufregendes geschah. Plötzlich wurde das Dach aufgerissen, und ein schwer kranker Mann, in seinem Bett liegend, wurde an Stricken heruntergelassen. Keiner hatte den Trägern Platz gemacht, so landete der Kranke auf diese Weise vor Jesus. Was hier nötig war, stand außer Diskussion. Der Gelähmte, seine Freunde und eine große Zuhörerschar warteten auf ein Heilungswunder. Umso mehr musste das, was Jesus sagte, wie ein Schock wirken: „Mein Sohn, deine Sünden sind dir vergeben" (Markus 2,5).

Besonders schockierend war das für die anwesenden Theologen. Sie ordneten dieses Ereignis in die Rubrik „Gotteslästerung" ein. In dieser spannungsgeladenen Atmosphäre wurde die Frage laut: „Wer kann Sünde vergeben?"

Genau das ist auch unsere Frage. Jesus Christus hat darauf in Vollmacht geantwortet. Er sagte: „Was ist leichter: zu dem Gichtbrüchigen zu sagen: Dir sind deine Sünden vergeben, oder zu sagen: Stehe auf, nimm dein Bett und wandle? Auf dass ihr aber wisset, dass des Menschen Sohn Vollmacht hat, zu vergeben die Sünden auf Erden, sprach er zu dem Gichtbrüchigen: Ich sage dir, stehe auf, nimm dein Bett und gehe heim!" (Markus 2,9–11).

Dieser Bericht zeigt, dass Jesus Christus vergeben und heilen kann – und er zeigt zugleich, dass die Vergebung an erster Stelle steht.

Warum aber kann Jesus Christus Sünde vergeben? Warum hat er die Autorität zu sagen: Dir sind deine Sünden vergeben? Sehen Sie: Das ist das Geheimnis seines Lebens und Sterbens. Sünden vergeben kann nur, wer ohne Sünde ist, denn vergeben heißt ja abnehmen, befreien. Wie kann ich einem anderen etwas abnehmen, wenn ich selbst die Hände voll habe? Jesus Christus war der Einzige, der ohne Sünde war. Sein Leben war vollkommen. Und als der vollkommene Sohn Gottes hat er die Sünden der ganzen Welt auf sich genommen. Das geschah, als er am Kreuz für uns starb.

Dort trug er auch die Strafe, die jede Sünde nach sich zieht: den Tod. Er starb für uns. Nun darf ich leben, befreit leben, weil er für mich starb.

Der Apostel Paulus schrieb im Blick auf das Sterben Jesu: „In ihm haben wir die Erlösung durch sein Blut, die Vergebung der Sünden, nach dem Reichtum seiner Gnade" (Epheser 1,7).

Wer mit Jesus Christus lebt, bekommt ein von Schuld befreites Leben. Dieses neue Leben ereignet sich in einer ständigen Atmosphäre der Vergebung. Das Gewissen ist entlastet, die Seele gereinigt, das Unterbewusstsein geordnet.

Kennen Sie dieses Leben? Ist das schon Ihre tägliche Erfahrung? Jesus Christus möchte es Ihnen schenken.

2. Christsein bringt ein in Gott geborgenes Leben

Ich erinnere mich, wie ich einmal abends am Bett unserer damals zehnjährigen Tochter saß. Sie fürchtete sich. Irgendetwas hatte sie geängstigt und sie bat mich: „Papi, bleib hier." Ich hielt ihre kleine Hand und erklärte ihr das Wort aus Psalm 139,5: „Von allen Seiten umgibst du mich und hältst deine Hand über mir."

Dabei kam mir das Bild eines Tiefseetauchers vor Augen, der ohne Furcht in die gefahrvollen Tiefen des Meeres taucht, weil er von dem Stahlmantel der Taucherglocke umgeben ist. Seitdem lässt mich dieses Bild nicht mehr los. Ich sehe mich als einen Menschen, der von Christus eingehüllt ist, geborgen in der wunderbaren Liebe Gottes.

Ich möchte das durch eine Erfahrung, die ich damit gemacht habe, illustrieren: Während einer Vortragswoche wurde ich von einigen verwegen aussehenden jungen Männern zu einer Party eingeladen. Ahnungslos ging ich hin, denn ich sah darin eine Möglichkeit, das Evangelium weiterzusagen. Als ich die Kellerräume betrat, verschlug es mir beinahe den Atem: wilde Musik, Betrunkene, ein beängstigendes

Durcheinander. Vor mir baute sich ein junger Mann auf, der einen Kopf größer war als ich. Er zeigte nur allzu deutlich, was er vorhatte. Doch plötzlich wusste ich um die Gegenwart Jesu und spürte eine tiefe Geborgenheit. Die Angst und Unsicherheit wichen und ich konnte lächeln. Da geschah es, dass einer sich zu mir setzte. Andere kamen hinzu. Bald verstummte die Musikbox und junge Menschen hörten die Botschaft von Jesus. Es entstand eine Atmosphäre der göttlichen Liebe. Einer hängte seine Lederjacke um mich und ein anderer reichte mir seine Cola-Flasche. Wie selten zuvor erlebte ich in dieser Nacht die Worte Jesu: „... und siehe, ich bin bei euch alle Tage" (Matthäus 28,20).

Einem meiner Mitarbeiter wurde nach einer stationären Untersuchung mitgeteilt, dass er Stimmbandkrebs habe. Er sollte sich unverzüglich einer Operation unterziehen. Es sah so aus, als ob er seine Stimme verlieren würde. Viele waren über diese Diagnose erschüttert. Mein Mitarbeiter aber schrieb mir in einem Brief: „Ich weiß mich in Jesus Christus geborgen. Wie furchtbar muss es doch sein, eine solche Situation ohne Christus zu erleben."

In einem Lied heißt es: „Wenn Friede mit Gott meine Seele durchdringt, ob Stürme auch drohen von fern mein Herz im Glauben doch allezeit singt: Mir ist wohl, mir ist wohl in dem Herrn."

In Zeiten der Krankheit, inmitten von familiären Problemen, in Verfolgung und Spott, unter den Angriffen der satanischen Mächte, an der Schwelle des Todes – der Jünger Jesu weiß, dass er von Gott umgeben ist. Das ist das Geheimnis des Geborgenseins. Es wird dort Realität, wo Jesus Christus Herr in meinem Leben geworden ist. Es löst Freude und Kraft aus, Dankbarkeit und Hoffnung.

3. Christsein bringt ein klar orientiertes Leben

Auf diesem Gebiet sieht es entsetzlich aus in unserer Welt. Immer mehr Menschen scheitern an der totalen Orientierungslosigkeit. Wer sagt, was richtig und falsch ist? Wer sagt, was gut und böse ist? Wer sagt, was erstrebenswert und was nicht erstrebenswert ist? Alles wird relativiert und infrage gestellt. Der Mensch gleicht einem Schiff, das die Orientierung verloren hat. Die Mannschaft ist ratlos; der Kompass zerbrochen. Man kann weder Standort noch Ziel bestimmen. Drohende Gewitterwolken hängen am Himmel. Es ist nur eine Frage der Zeit, bis das Schiff an einer Sandbank zerschellt.

Viele Ehen zerbrechen. Junge Menschen zerstören ihr Leben in freizügiger Sexualität. Immer mehr greifen zu immer härteren Drogen. Die Kriminalität nimmt zu. Generationsprobleme machen das Zusammenleben in vielen Familien zur Hölle. Die Medien tragen dazu bei, dass die ethischen Werte immer mehr untergraben werden. Diese Beobachtungen sind beängstigend. Wie wird die Zukunft aussehen?

In diese Auflösung aller positiven Werte ruft Jesus Christus sein unvergängliches Wort: „Ich bin das Licht der Welt. Wer mir nachfolgt, der wird nicht wandeln in der Finsternis" (Johannes 8,12).

Die Bibel sagt: „Darum sollen wir desto mehr achthaben auf das Wort, damit wir nicht am Ziel vorbeitreiben" (Hebräer 2,1).

Im Wort Gottes findet der Nachfolger Jesu klare Orientierung. Er ist nicht angewiesen auf die philosophische, theologische oder psychologische Meinung der Gegenwart. Er lehnt diese Wissenschaften selbstverständlich nicht ab, aber sie haben für ihn keine letzte und bindende Gültigkeit. Er kennt das Buch, in dem Gott zum Menschen redet, und er vertraut dem Wort aus der ewigen Welt. Er hat erkannt, dass die Bibel Entscheidendes über Ehe und Familie zu sagen hat, über Freundschaft und Mitmenschlichkeit, über Besitz und Zeit, über den Umgang mit dem eigenen Körper und über das Altwerden. Die Bibel spricht von Kindererziehung und von Generationsproblemen. Sie redet von Gegenwart und Zukunft. Sie zeigt, wer Gott ist, und sie zeigt, wer ich bin. Hier findet der Christ die Maßstäbe, die sein Leben göttlich formen. So wird er nicht von jeder Tagesmeinung hin und her gerissen. So reift er zu einer Persönlichkeit mit klarem Kurs. Er ist in der Lage „Nein" zu sagen, auch wenn Tausend „Ja" brüllen, und er kann „Ja" sagen, wenn jeder den Kopf schüttelt. Er weiß, was Gott will, und er will, was Gott will.

Vor allem aber hat der Christ erkannt, dass die Liebe die größte Gabe Gottes ist, und es ist seine Sehnsucht, sie zum herrschenden Prinzip seines Lebens werden zu lassen.

Vor einiger Zeit fuhr mich ein Geschäftsmann durch Berlin. Im Laufe der Unterhaltung erzählte er mir von einem seiner Kunden, der auch auf mehrmaliges Mahnen hin keine Anstalten machte, seine Rechnung zu bezahlen.

„Und was geschah dann?", fragte ich zurück.

„Ich habe diese Sache betend vor Gott gebracht", sagte er, „und da wurde mir gezeigt, dass Jesus Christus mir unvergleichbar mehr Schuld erlassen hat. Das schrieb ich jenem Kunden in einem Brief und teilte ihm dann mit, dass seine Schuld gestrichen sei."

Eine junge Frau arbeitete als Sprechstundenhilfe bei einem Arzt. Sie kam in große Bedrängnis, als sie aufgefordert wurde, am Telefon eine unwahre Auskunft zu geben. Sie bat um eine Unterredung mit dem Arzt und sagte ihm, sie sei Christ. Sie erklärte ihm, dass sie gerne bei ihm arbeite, aber nicht in der Lage sei, Unwahrheiten auszusprechen.

Wie befreiend ist es doch, dass der Christ in allen Situationen zu Jesus Christus mit der Frage kommen darf: „Herr, was willst du, dass ich tun soll?" (Apostelgeschichte 22,10). Damit endet der gefährliche Schleuderkurs und das Leben bekommt eine klare Linie.

4. Christsein bringt ein fruchtbringendes Leben

Zu seinen Jüngern hat Jesus einmal gesagt: „Ihr habt mich nicht erwählt, sondern ich habe euch erwählt und gesetzt, dass ihr hingehet und Frucht bringet" (Johannes 15,16).

Und dieses Wort gilt für die Christusnachfolger aller Zeiten. Mit der Lebensbindung an Jesus Christus hört die Drehbewegung um das eigene Ich auf. Es gibt keine christlichen Brummkreisel. Egoismus und Christsein schließen sich aus wie Tag und Nacht, wie Wahrheit und Lüge. Echtes Christsein ist wie eine Explosion, die uns von uns selbst wegsprengt hin zu Jesus und dann zum Nächsten. Damit werden wir Segensträger in dem uns zugewiesenen Raum des Lebens. „Licht der Welt" und „Salz der Erde" – so sagt es Jesus. Langeweile, Sinnlosigkeit und Komplexe verschwinden. Jede Begegnung wird zum Abenteuer der Liebe. Jeder Tag wird zu einem erfüllenden Erlebnis. Selbst das Krankenlager ist dann ein Ort der Gotteserfahrung, weil von hier aus Segenskräfte in die Welt fließen.

Einmal rief mich ein 16-jähriger Junge an. Freude lag in seiner Stimme. Bewegt berichtete er mir von einem Erlebnis mit seinem Klassenkameraden. Schon lange hatte er für ihn gebetet. Dann kam der Tag, an dem der andere sich für Jesus Christus öffnete. Ihm konnte er jetzt weitersagen, was er mit Gott erlebt hatte. Das war der Grund seiner Freude.

Ein Christ möchte einfach da sein für den anderen, er möchte da sein mit seinem Herzen und da sein mit seinen Händen. Damit endet die Leere, das Vakuum in seinem Inneren, und der Glanz des von Gott Gebrauchtwerdens liegt über ihm.

5. Christsein bringt ein in Gottes Ewigkeit einmündendes Leben

Immer wieder stelle ich jungen und alten Menschen die Frage: „Wohin geht die Reise Ihres Lebens?" Betretenes Schweigen ist vielfach das Resultat. Wenn man sich überhaupt darüber Gedanken macht, dann endet die Lebensreise bei vielen Bundesbürgern auf dem Friedhof. Darf ich Ihnen bekennen, wohin die Reise meines Lebens geht? Sie mündet ein in Gottes Ewigkeit. An der Schwelle zwischen Leben und Tod wird mein Herr auf mich warten. Ich werde Jesus sehen von Angesicht zu Angesicht. Er hat gesagt: „Ich will euch zu mir nehmen, damit ihr seid, wo ich bin" (Johannes 14,3).

Ich kenne meinen Herrn so gut, dass ich weiß, dass er das wahr macht. Und darauf freue ich mich. Die glühende Wand des Todes hat ihre Schrecken verloren, seit ich Jesus kenne und ihm gehöre.

Ich sage Ihnen, das ist kein billiger Trost für erschrockene Gemüter, das ist durchdachtes Lebensziel. Jesus sagt: „Ich gebe ihnen das ewige Leben" – und darauf baue ich.

Christsein – was bringt das? Unangefochtenheit? Problemloses Leben? Allezeit Lächeln? Ein Non-Stop-

Hochgefühl? Nein! Das bringt das Christsein nicht. Wer sich nach einem bequemen Dahingleiten sehnt, der sollte die Finger von Jesus lassen. Gott ist keine Droge.

Doch nun frage ich Sie: Was bringt denn das Nichtchristsein? Was bringt das Leben ohne Jesus? Was bringt das normale Leben? Sind die Menschen, die ohne Gott dahinleben, glücklich? Sind sie erfüllt? Zufrieden? Geborgen? Sagen Sie es selbst. Diese Antwort wird Ihnen nicht schwerfallen .

Sehen Sie – ich habe einige Jahre ohne Jesus Christus gelebt – wie Millionen Menschen in unseren Breitengraden – und seit vielen Jahren lebe ich bewusst mit Jesus Christus. Und wenn ich in einer stillen Stunde Bilanz ziehe, dann sage ich mit tiefer Freude: „Danke, Herr Jesus, ich möchte niemals zurück. Und wenn du mir tausend Leben anbieten würdest, ich würde jedes Leben ohne eine Sekunde Abstrich mit dir leben. Du hast mich glücklich gemacht. Das ist mein Bekenntnis."

Was hindert Sie daran, heute Jesus Christus in Ihr Leben zu bitten und sich ihm zu übereignen?

Durch folgendes Gebet können Sie es tun:

Herr Jesus Christus, ich habe erkannt, dass ich dich brauche. Ich bitte dich, komme du in mein Leben. Vergib alle meine Sünden. Ich möchte alle Lebensbereiche dir öffnen. Dir will ich für immer gehören.

Jesus Christus spricht: „Wer zu mir kommt, den werde ich nicht hinausstoßen" (Johannes 6,37).

Gott begegnen – was heißt das?

Vor Jahren schrieb ich einen Artikel zu dem Thema „Skandal ums Christsein". Er entstand aus einer Not heraus, die mich schon lange bewegt hatte. Es ist die Not, dass nur wenige in unseren sogenannten christlichen Breitengraden auf die Frage „Was heißt Christsein?" eine begründete Antwort geben können. Fragt man: „Welche Funktion hat ein Arzt?", oder: „Wissen Sie, was ein Autoschlosser ist?", oder: „Definieren Sie den Begriff „Hausfrau", so ist alles klar. Aber bei der Frage nach dem Christsein ist das anders.

Ich habe diese Frage Menschen aller Altersschichten und aller Bildungsgrade gestellt. Das Ergebnis war fast immer niederschmetternd. Man wusste nicht, was Christsein ist, oder man hat aus Verlegenheit einiges zusammenfabuliert, das am Ende einem unerklärbaren, surrealistischen Gemälde glich.

Ich bin mit dieser Frage in Abiturklassen gegangen in der Hoffnung, dass nach zehn Jahren Religionsunterricht das Abc des christlichen Glaubens eigentlich sitzen müsste. Aber: Fehlanzeige!

In Clubs habe ich mit jungen Menschen darüber gesprochen und mit Älteren in ihren Wohnzimmern. Ich war an Universitäten und in Betrieben, aber das Ergebnis war überall gleich. Entweder man hatte noch nie ernsthaft darüber nachgedacht oder man hatte sich eine den eigenen Bedürfnissen angepasste Meinung gebildet.

Sicher, noch immer leben wir noch in gewissem Maße in einer christlichen Atmosphäre. Es gibt praktisch keinen Ort ohne Kirche. In jedem Juweliergeschäft werden Kreuze verkauft. Das „Wort zum Sonntag" wird ausgestrahlt und zu Weihnachten erklingt das Lied „Stille Nacht". Aber das alles wird mehr und mehr zur Fassade. Dahinter gähnt die ganze Leere von Millionen, die noch einer Kirche angehören, aber nicht mehr wissen, was Christsein bedeutet.

Und nun möchte ich Sie, bevor ich näher auf dieses Thema eingehe, fragen: Wissen Sie, was Christsein ist? Kann ich etwas sein, was ich nicht kenne? Kann ich etwas leben, das ich nicht erklären kann?

Und um noch eine wesentliche Vorbemerkung zu machen: Es geht hier nicht um irgendwelche religiösen Spielereien. Sondern es geht um die Frage der Gottesbegegnung, und das ist eine Frage nach der Lebensexistenz. Gott sagt: „Suchet mich, so werdet ihr leben" (Amos 5,4).

Und in der Bibel lesen wir außerdem: „Wer den Sohn Gottes hat, der hat das Leben; wer den Sohn Gottes nicht hat, der hat das Leben nicht" (I. Johannes 5,12).

Die Frage nach dem Christsein ist also eine Lebens- und eine Überlebensfrage.

Eine lebensgefährliche Fehldiagnose

Einer meiner Mitarbeiter hatte wochenlang ein ziemliches Malheur mit seinen Zähnen. Er hatte schlaflose Nächte und musste ständig zum Arzt. Ich traf ihn, als er gerade vom Zahnarzt kam, und fragte ihn: „Wie sieht es aus mit den Zähnen?" Da platzte er ärgerlich los: „Heute entdeckte der Arzt, dass er den falschen Zahn behandelt hat. Es war alles umsonst. Jetzt geht das Theater von vorne los." Nun, seine Reaktion war verständlich. Zum Glück ist eine Fehldiagnose bei einer Zahnbehandlung keine lebensgefährliche Sache.

Anders erging es einer Verwandten, die der Hausarzt wochenlang falsch behandelte. Als sie endlich ins Krankenhaus eingeliefert wurde, war es zu spät. Hier führte die Fehldiagnose zum Tod.

Warum berichte ich das? Ich möchte dadurch zeigen, dass eine Fehldiagnose oder Fehldeutung lebensgefahrlich sein kann, und das gilt auch für den Begriff „Christsein". Eine Fehldeutung dieses Begriffs kann einen Menschen davon abhalten, das wirkliche Christsein zu finden, und das bedeutet, umsonst gelebt zu haben, verloren zu sein.

An dieser Stelle möchte ich zunächst auf die häufigsten Fehldeutungen des Christseins eingehen. Was bekommt man so landauf, landab zu hören, wenn man nach dem Christsein fragt?

Erste Antwort:
Christsein hat etwas mit Anstand, mit einem humanen Leben zu tun.

Nun, ich möchte nicht bestreiten, dass Anstand und Hilfsbereitschaft gewisse Eigenschaften des Christseins sind. Im Neuen Testament lesen wir: „Die Liebe ist nicht taktlos", und Jesus Christus hat entscheidende Dinge zum Thema „Hilfsbereitschaft" gesagt. Und er hat uns durch sein Leben gezeigt, wie das im Alltag aussehen soll. Aber können wir wirklich jeden hilfsbereiten und taktvollen Menschen als Christen bezeichnen? Ich habe einige Leute kennengelernt, die diese Eigenschaften hatten, sich aber bewusst als Atheisten, als Gottesleugner, bezeichneten.

Erst neulich, auf einer Hochzeit, lernte ich einen jungen Krankenpfleger kennen – sehr sympathisch, wirklich hilfsbereit. Wir haben eine Stunde über Gott und das Christsein gesprochen. Er hätte sich, wenn ich ihn aufgrund seines Benehmens als Christ bezeichnet hätte, entschieden zur Wehr gesetzt. Er lehnte mit Überzeugung Christus und die Bibel ab.

Es ist unmöglich, das Christsein mit Humanität auf eine Ebene zu stellen. Hier handelt es sich also ganz offensichtlich um eine Fehldeutung.

Zweite Antwort:
Christsein hat etwas mit der Kirche zu tun.
Auch diese Antwort ist im Ansatz nicht falsch, wenn
wir bei dem Begriff „Kirche" nicht unbedingt an ein
Gebäude mit Turm und Glocken denken, sondern an
eine Gruppe von Menschen, die miteinander Gottes
Wort hören wollen, die sich zum Gebet und zum Lob
Gottes treffen. Aber ist das schon Christsein, wenn ich
Sonntag für Sonntag zur Kirche gehe? Ist es gleich-
zusetzen mit Christsein, wenn ich noch einen Schritt
weitergehe und in der Kirche aktiv werde? Diese Frage muss mit einem klaren Nein beantwortet werden.
Die Zugehörigkeit zu einer Kirche oder der Dienst in
einer Kirche machten mich noch nicht zu einem Christen. Das Dilemma liegt heute offen auf der Hand. In der
Bundesrepublik gehören ca. 60 Prozent der Bevölke-
rung einer Kirche an.

Aber wie viele von ihnen können sich wirklich
Christen nennen?

Noch einmal: Wenn jemand einer Kirche angehört,
zur Kirche geht, den Service der Kirche in Anspruch
nimmt oder vielleicht sogar mitarbeitet, so macht ihn
das noch nicht zum Christen. Im Neuen Testament sind
folgende Worte an eine christliche Gemeinde gerich-
tet: „Ich kenne deine Werke; denn du hast den Namen,
dass du lebst, und bist doch tot" (Offenbarung 3,1).

Wie viele Namen stehen seit der Taufe in den Kir-
chenbüchern; aber diese Namen sind nicht alle im
Himmel verzeichnet! Wie viele nennen sich Christen,
die es noch nie waren! Sie haben „den Namen, dass
sie leben, und doch sind sie tot". Wer darum Christsein mit bloßer Kirchenzugehörigkeit und Kirchlich-

keit gleichsetzt, hat eine gefährliche Fehldiagnose gestellt.

Dritte Antwort:
Christen sind Leute, die nach den Prinzipien der Bibel leben.

Diese Aussage kommt dem biblischen Zeugnis vom Christsein am nächsten. Und doch ist auch bei dieser Antwort ein gefährlicher Haken. Sie können die ethischen und moralischen Prinzipien der Bibel sehr ernst nehmen, die Gebote Gottes befolgen, opferbereit sein und sich für die Armen verwenden und doch am wahren Christsein vorbeileben. Der Apostel Paulus sagt:

„Und wenn ich alle meine Habe den Armen schenkte und wenn ich meinen Leib dem Feuertod preisgeben würde und hätte die Liebe (Gottes) nicht, so würde mir's nichts nützen" (1. Korinther 13,3).

Das Entscheidende bei dieser Aussage ist die Liebe Gottes. Wir können tun, was wir wollen – es zählt nicht bei Gott, wenn wir es nicht aus Liebe tun. Wenn nicht Gottes Liebe unser Herz erfüllt, ist alles umsonst. Ich möchte dazu noch ein sehr anschauliches Beispiel nennen. Der Name Mahatma Gandhi ist in die Geschichte der Barmherzigkeit eingegangen. Jener Inder, der alles für die Armen und für sein Volk opferte, kannte die Bibel und versuchte sein Leben nach der Bergpredigt auszurichten. Aber er bezeichnete sich nie als Christ. Er war aus tiefer Überzeugung Hindu.

Wir stehen also auch hier an einer gefährlichen Klippe. Gottes Wort trennt zwischen Tun und Sein. Tun ist noch nicht Sein. Dazu ein Erlebnis: Als unsere Kinder klein waren, besuchten wir mit ihnen einen Safaripark. Dabei konnten wir in einer Vorstellung einen dressierten Affen beobachten. Er hatte Hose und Jacke an, setzte sich eine Mütze auf und aß mit Messer und Gabel. Er war auf menschlichen Lebensstil dressiert. Aber war er damit ein Mensch? Nein! Ist einer Christ, wenn er sich einen christlichen Lebensstil zulegt und nach Prinzipien der Bibel lebt? Nein! Christsein ist anders, Christsein ist mehr.

Vierte Antwort:
Christsein hat etwas mit Glauben an Gott zu tun.

Hören Sie dazu eine Aussage der Bibel: „Du glaubst, dass es nur einen Gott gibt? Du tust gut daran; die Teufel glauben's auch und zittern dabei" (Jakobus 2,19).

Die Bedeutung dieses Wortes ist klar. Wenn ein Mensch glaubt, dass es nur einen Gott gibt, dann ist das zwar sehr richtig, aber das glaubt Satan auch. Jedoch verwandelt dieser Glaube Satan nicht in einen Engel. So macht auch das Wissen um Gott einen Menschen noch nicht zu einem Christen.

Ich habe diese Fehldeutungen des Christseins mit vielen Menschen durchgesprochen und habe ihre Reaktionen miterlebt. Ich habe bei allen ehrlich Denkenden Bestürzung festgestellt. Es war die Frage: Wenn das alles noch nicht das Christsein ist, dann leben ja Millionen in den christlichen Ländern in einer Illusion. Sie bilden sich ein, Christ zu sein, und sind es nicht. Welch ein schreckliches Erwachen wird das eines Tages vor Gott geben, wenn Jesus Christus, der Sohn Gottes, sagen muss: „Ich habe euch noch nie gekannt; weicht von mir, ihr Übeltäter!"

Ich erinnere mich daran, wie Hunderte Opfer eines Bauschwindlers wurden. Sie hatten zum Teil ihr ganzes Vermögen eingezahlt und freuten sich auf ihr Haus. Doch dann platzte die Bombe. Es war alles ein groß angelegter Betrug. Schrecklich! So hat Jesus Christus, als er über diese Erde ging, verführten Menschen die Wahrheit gesagt. Sie waren verführt worden durch Religion, durch Humanität, durch einen äußerlichen Gottesglauben. Jesus aber zeigte ihnen, worauf es zuerst und worauf es wirklich ankommt. Jesus hat gesagt, was Christsein ist und was es nicht ist.

Eines Nachts kam ein Theologe aus Jerusalem zu Jesus. Ihm ließ diese Frage keine Ruhe mehr. Er hatte alle oben genannten Qualitäten. Er glaubte an Gott. Er ging täglich in den Tempel zum Gebet. Er tat Gutes, wo immer er konnte. Er nahm Rücksicht auf andere. Aber Jesus Christus sagte zu ihm: „Wahrlich, wahrlich, ich sage dir: Wenn jemand nicht von neuem geboren wird, kann er das Reich Gottes nicht sehen" (Johannes 3,3).

Damit macht Jesus deutlich, dass etwas völlig Neues in seinem Leben geschehen muss, wenn er ein Bürger des Gottesreiches – wir können dafür auch den Begriff „Christ" oder „Christsein" einsetzen – werden möchte.

Neben der irdischen Geburt, des Einstiegs in diese Welt, muss es jetzt zu einer geistlichen Geburt, zum Einstieg in Gottes Welt kommen. Wir müssen eine neue Qualität des Lebens erhalten, die uns befähigt, jetzt schon in Gemeinschaft mit Gott zu leben. Dieses neue Leben, das Leben aus Gott, kann ich mir nicht selbst geben, und ich kann es nicht selbst machen. Ich kann zur Kirche gehen, religiös werden, human sein, mir Mühe geben und Gottes Gebote befolgen. Das sind alles wichtige Dinge, aber das ist noch nicht das neue Leben, und dadurch erhalte ich nicht das neue Leben.

Nun habe ich Ihnen die bekanntesten Fehldeutungen des Christseins gezeigt. Im Folgenden soll es darum gehen, wie man Christsein richtig deutet.

Worum geht es beim Christsein?

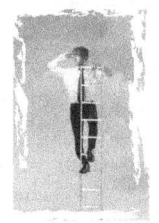

Zuerst eine klärende Frage: Worum geht es in einer Ehe? Was ist das Kennzeichen einer normalen Ehe? Geht es um ein Haus? Geht es darum, dass die Wohnung immer aufgeräumt ist? Geht es um gemeinsames Mittagessen? – Unbestreitbar sind das alles gute und wichtige Dinge. Aber das ist noch nicht das Zentrum einer Ehe. Ich kann das alles auch außerhalb einer Ehe haben. In einer Ehe geht es nicht zuerst um Dinge, sondern um eine Person. Es geht um den Ehepartner und um die innere Beziehung zu ihm. Wenn ein Mann eine Frau heiratet, nur weil sie ein Haus hat oder weil er versorgt sein will, dann ist das Betrug. Es hat mit dem eigentlichen Sinn von Ehe nichts zu tun, selbst wenn er einen Trauschein hat. Ehe ist personenhafte Bindung. Und genau das ist auch das eigentliche Kennzeichen des Christseins. Christsein ist personenhafte Bindung an Jesus Christus. Christsein ist Lebens- und Liebesgemeinschaft mit dem Sohn Gottes, dem auferstandenen und gegenwärtigen Herrn.

Wer die Bibel zur Hand nimmt und sie unvoreingenommen liest, der wird feststellen, dass es zuerst darum geht.

Schon im Alten Testament steht geschrieben: „Ich will mich mit dir verloben in Ewigkeit; ich will mich mit dir vertrauen in Gerechtigkeit und Gericht, in Gnade und Barmherzigkeit" (Hosea 2,21).

Und im Neuen Testament wird das Bild der Ehe auf Jesus Christus und auf die Menschen übertragen, die sich ihm hingegeben haben. Hier wird es zur tiefsten Deutung des Christseins.

Der Apostel Paulus schreibt: „Darum wird ein Mann Vater und Mutter verlassen und sich an seine Frau binden, und die zwei werden ein Leib sein. Dieses Geheimnis ist groß; ich aber deute es auf Christus und die Gemeinde" (Epheser 5,31.32). Und in diesem Abschnitt der Bibel lesen wir: „Denn wir sind Glieder des Leibes Jesu" (Epheser 5,30).

Vollkommener und inniger kann die Verbindung eines Menschen mit Jesus Christus nicht gedeutet werden. Das ist Christsein! Und wo das fehlt, fehlt alles. Das kann nicht durch sozialen Einsatz oder durch Religiosität oder durch Humanismus oder durch einen rationalen und formalen Gottesglauben ersetzt werden.

Im letzten Buch der Bibel wird eine Gemeinde geschildert, die zwar die äußeren Kennzeichen des Christseins aufwies, die aber das eigentliche Kennzeichen des Christseins – die Liebe zu Jesus und die Bindung an ihn – verloren hatte. Jesus spricht zu diesen Menschen: „Ich weiß deine Werke und deine Arbeit und deine Geduld ... Aber ich habe gegen dich, dass du die erste Liebe verlässt. Bedenke, wovon du abgefallen bist" (Offenbarung 2,2.4).

Was Christsein wirklich ist, das hat auch Jesus Christus, als er sichtbar auf dieser Erde war, sehr deutlich gesagt: „Ich bin das Licht der Welt. Wer mir nachfolgt, der wird nicht in der Finsternis bleiben" (Johannes 8,12).

Und Jesus sagte auch: „Ich bin das lebendige Brot, das vom Himmel gekommen ist. Wer von diesem Brot isst, der wird in Ewigkeit leben" (Johannes 6,51).

An einer anderen Stelle sagt die Bibel: „Allen aber, die Jesus aufnahmen und an seinen Namen glaubten, denen gab er Macht, Gottes Kinder zu werden" (Johannes 1,12).

Jesus nachfolgen, sich ihm anvertrauen, ihn in sich aufnehmen – das alles sind Kennzeichen des Christseins.

Es geht im Christsein zuerst um eine Person, nicht um eine Sache – es geht um eine Beziehung; nicht um ein Tun.

Nach einem Vortragsabend kam eine 82-jährige Diakonisse zu mir in die Seelsorge. Sie war tief erschüttert, und Tränen standen in ihren Augen, während sie sprach. Sie sagte: „Ich habe ein Leben lang für Menschen gelebt. Ich habe mich in Altersheimen und Krankenhäusern eingesetzt. Ich bin zur Kirche gegangen. Ich habe gebetet und die Bibel gelesen. Aber heute wurden mir die Augen geöffnet. Mir fehlt das, was Christsein eigentlich ausmacht. Ich habe keine persönliche Verbindung zu Jesus Christus. Ich habe mich ihm nie hingegeben." Nach diesem Bekenntnis hat sich jene Diakonisse Jesus Christus anvertraut. Sie legte ihr Leben, sie legte sich selbst dem Sohn Gottes hin. In dieser Stunde wurde sie von neuem geboren. Ein neuer, wunderbarer Friede erfüllte sie. Als ich ihr am nächsten Tag wieder begegnete, nahm sie meine

Hände und sagte: „Jetzt habe ich endlich das, was mir fehlte." Sie hatte zum Christsein gefunden. Ja, sie hatte zu Jesus selbst gefunden.

Ich denke an Bernd, der mein Mitarbeiter wurde. Ich lernte ihn in unserer Teestube kennen, als er 16 Jahre alt war. Bernd spielte in einem kirchlichen Posaunenchor, ging treu zu den Gottesdiensten, war ein guter Schüler und überall beliebt. „Er ist ein guter Christ", hätten viele gesagt, aber er lebte das Christsein ohne Christus, und das wurde ihm eines Tages klar. Nach einer Zeit innerer Kämpfe, nach Auflehnung und Unruhe kam es zu einer klaren Lebensentscheidung für Jesus Christus. Er erlebte die Wahrheit des oben genannten biblischen Wortes: „Allen aber, die Jesus aufnahmen und an seinen Namen glaubten, denen gab er Macht, Gottes Kinder zu werden" (Johannes 1,12).

So wurde Bernd Christ, und Gott machte ihn zu einem vollmächtigen Zeugen.

Ein Prediger wurde in einer Kirche in Frankfurt aufgefordert, Christsein zu erklären. Er trat nach vorne und sagte: „Ein Christ ist ein Mann oder eine Frau plus Jesus Christus." Danach ging er auf seinen Platz zurück. Diese Antwort schlug ein. Er hatte den Nagel auf den Kopf getroffen.

Wenn dieses „plus Jesus Christus" fehlt, dann fehlt eben alles.

„Plus Jesus Christus." Nun möchte ich Sie noch dorthin führen, wo dieses Plus für alle Menschen aufgerichtet wurde. Es war ein Plus, zusammengehämmert aus zwei rohen Holzbalken, hineingerammt in die Erde auf einem Hügel vor der Stadt Jerusalem. Und an dieses riesige Plus aus Holz wurde Jesus angenagelt.

Dort starb er für uns. Er starb für unsere Sünden. Er starb für unser Minus. Er starb für unsere Rebellion. Er starb für unsere Gleichgültigkeit. Er starb für unsere Unmenschlichkeiten. Und dieses Kreuz, dieses einzige Plus, das es in dieser Welt gibt, ist der gewaltige Ruf Gottes an alle Menschen. Es ist Gottes Ruf an Sie in diesem Augenblick. Gott ruft Sie, dass Sie sich unter diesem Zeichen des Kreuzes an Jesus Christus binden. Er hat am Kreuz diese verlorene Welt mit der ewigen Welt Gottes verbunden. Er hat den Sünder mit dem heiligen Gott verbunden. Nun ergibt sich daraus eine dringliche Frage: Wollen Sie sich an Jesus Christus binden? Wollen Sie, dass er Ihr Leben führt und gestaltet? Wollen Sie seine von Schuld und Bindungen befreiende Kraft erleben? Wollen Sie Zukunft, die nicht in den Lebenskrisen zerbröckelt? Wollen Sie ein Mensch sein, der Tag für Tag mit Gott lebt und der darum auch Tag für Tag Gott erlebt? Es sind Fragen, die Gott selbst an Sie richtet. Bedenken Sie bitte, dass er Ihre Entscheidung ernst nimmt. Er nimmt Ihr Ja und Ihr Nein, und er nimmt Ihr Ausweichen ernst.

Wollen Sie sich
an Jesus Christus binden?

Ich habe Menschen kennengelernt, die das wollten. Sie haben sich dann niedergekniet und ihr Leben im Gebet Jesus übergeben. Andere haben einen Seelsorger aufgesucht, ihre Sünden bekannt und Jesus als ihren Herrn und Erlöser angenommen. Einige sind nach einer Predigt dem Aufruf zur Entscheidung gefolgt und nach vorne getreten, um sich öffentlich zu Jesus zu bekennen. Wie es auch immer geschieht, wichtig ist nur eines: dass der Mensch ernst macht und sich wirklich mit seinem ganzen Sein an Christus bindet – und das ist Christsein.

Wollen Sie das? Wollen Sie heraustreten aus der Fehldeutung des Christseins und eine persönliche Beziehung zu Jesus Christus bekommen? Der gekreuzigte und auferstandene Herr ist auch jetzt gegenwärtig und ruft Sie mit den Worten: „Folge mir nach!"

In der christlichen Teestube einer Großstadt tauchte eines Abends ein verwegen aussehender Mann auf. Er sprach nur gebrochen Deutsch und weigerte sich, Näheres aus seinem Leben zu sagen. Er saß einfach da und hörte zu, wie andere über den Glauben an Jesus

Christus sprachen. Das Thema schien ihn zu interessieren, denn am nächsten Abend saß er wieder in der Runde der jungen Menschen. Was ihn am meisten traf, war die Tatsache, dass Jesus Christus lebt und dass er in der Lage ist, jedem, der zu ihm kommt, ein neues Leben zu geben. „Genau das brauche ich", sagte er zögernd, und danach kam es zu einem persönlichen Gespräch. Keiner wird erfahren, was in diesen Stunden alles ausgesprochen wurde – aber eines darf berichtet werden: Dieses Gespräch endete mit Gebet auf den Knien vor Jesus Christus. Da vertraute ein Mensch sein verpfuschtes Leben dem Sohn Gottes an. Die ersten Worte nach dieser Lebenshingabe waren: „Jetzt lebe ich!"

Vor mir liegt der Brief einer 16-jährigen jungen Frau. Einen Tag bevor sie ihn verfasste, hatte sie Jesus Christus in ihr Leben aufgenommen. Sie schreibt: „Gestern war wirklich mein schönster und ich glaube auch wichtigster Tag meines Lebens. Jesus Christus hat das Feuer seiner Liebe in meinem Herzen angezündet, und ich will, dass es nie erlischt."

Jesus Christus hat gesagt: „Ich bin gekommen, damit sie das Leben und alles in Fülle haben sollen" (Johannes 10,10).

Christsein heißt darum: Glücklichsein. Und dazu sind Sie geboren.

John Wesley sagte: „Ein Mensch, der nicht glücklich ist, ist auch kein wirklicher Christ. Denn wenn Christsein und Glücklichsein tatsächlich das Gleiche sind, ist es unmöglich, das eine ohne das andere zu haben."

Glück, das nicht wie ein Schatten flieht, bleibendes Glück, ist nur dort, wo Jesus Christus ein Menschenleben erfüllt. Es ist also keine religiöse Spielerei, über das Christsein nachzudenken, denn wir sind geboren, um glücklich zu sein.

Das werden auch Sie erleben, wenn Sie sich Jesus Christus anvertrauen.

Gott begegnen – wie macht man das?

Einer meiner Mitarbeiter – vor Jahren noch Verkaufs-
leiter in einem weltbekannten Industrieunternehmen
– erlebte eine revolutionäre Lebensveränderung. Es begann damit, dass seine Frau Jesus Christus in ihr Leben
aufnahm. Gleich berichtete sie ihrem Mann davon und
erzählte ihm von Jesus Christus. Misstrauisch hörte er
zu. Die Sache kam ihm nicht geheuer vor. Er glaubte,
dass seine Frau in eine Sekte geraten sei. Bis zu diesem
Zeitpunkt hatte er sich über das Christsein noch wenig
Gedanken gemacht. Wozu auch? War nicht bei ihnen alles in Ordnung? Sie waren getauft und konfirmiert und
gelegentlich gingen sie auch zur Kirche. Was seine Frau
ihm an diesem Abend erzählte und was er dann in der
folgenden Zeit an Veränderung in ihrem Leben feststell-
te, konnte er in keiner Weise in sein Schema vom Christsein einordnen. Und dann kam ein für ihn unvergess-
licher Tag. An diesem Tag hatte seine Frau den Pastor
und einen bekannten Evangelisten zum Kaffee eingeladen. Es wurde ein interessanter Nachmittag, an dem
man dann auch über den Glauben sprach. In einfachen
Worten wurde diesem Mann gezeigt, dass jeder Mensch

durch die Sünde von Gott getrennt ist. Danach sprach der Evangelist von Jesus Christus, der als der sündlose Sohn Gottes in Stellvertretung für unsere Sünden starb und so die Kluft zwischen Gott und dem Menschen überbrückte. Anhand der Bibel zeigte er, dass nun der Mensch gerufen sei, sein Leben dem gekreuzigten und auferstandenen Jesus anzuvertrauen. An diesem Abend erkannte er: „Ich stehe im Abseits vor Gott. Ich bin noch kein Eigentum Jesu. Wenn ich so weiterlebe, gehe ich unweigerlich verloren." In der folgenden Nacht fiel die Entscheidung. Er kniete betend nieder und legte sein Leben Jesus hin. Das war der Start für ein völlig neues Leben. In ihm brach Liebe zu Gott auf. Er war Christ geworden. Vorher hatte er den Namen eines Christen, jetzt hatte er das Leben eines Christen.

William MacDonald schreibt: „Der Weg in eine echte Nachfolge (wirkliches Christsein) beginnt, wenn ein Mensch von neuem geboren ist. Es fängt damit an, dass sich folgende Dinge in seinem Leben ereignen:

1. Er muss begriffen haben, wie sündig, verloren, nackt und blind er vor Gott steht.

2. Er muss zugeben, dass er weder durch seinen guten Charakter noch durch seine guten Werke etwas an dieser Situation ändern kann.

3. Er muss glauben, dass der Herr Jesus Christus am Kreuz an seiner Stelle starb.

4. Er muss sich willentlich entschließen, sein ganzes Vertrauen allein auf Jesus zu setzen und ihn als

seinen Herrn und Meister anzuerkennen. Nur so wird jemand ein Christ, und es ist wichtig, dies von Anfang an ganz klarzumachen."*

Die Entscheidung für Jesus Christus ist die wichtigste in unserem Leben. Es geht um Tod oder Leben, ewigen Tod oder ewiges Leben. Darauf möchte ich jetzt noch näher eingehen. Nach dem Zeugnis der Bibel und nach der Erfahrung von Millionen echter Christen erlebt der Mensch auf dem Weg zum Christsein vier Phasen:

* William MacDonald, Wahre Jüngerschaft CLV, Bielefeld 2003

1. Phase:
Der geistliche Tod

Dazu sagt die Bibel erschütternde Worte, an denen Sie nicht vorbeigehen dürfen. Ich nenne einige: „Und Gott, der Herr, gebot dem Menschen und sprach: Von dem Baum der Erkenntnis des Guten und Bösen sollst du nicht essen; denn an dem Tage, da du von ihm issest, musst du des Todes sterben" (1. Mose 2,17).

Der Apostel Paulus sagt: „Der Lohn der Sünde ist der Tod" (Römer 6,23). Und an die Gemeinde nach Ephesus schreibt er: „Auch ihr wart tot in euren Übertretungen und Sünden" (Epheser 2,1).

Frage: Was bedeutet der Begriff „Tod" in diesen biblischen Aussagen? Wer hier oberflächlich liest und hört, der wird an das körperliche Sterben denken, an das Aufhören der irdischen Existenz. Aber das ist verhängnisvoll falsch. Die Bibeltexte reden über die Trennung des Menschen von Gott – über den geistlichen Tod.

Als Adam damals im Paradies das göttliche Gebot übertrat, starb er nicht körperlich. Im Gegenteil: Er lebte danach noch einige Hundert Jahre und hat noch so manches geleistet in seinem Leben. Und doch war er, wie die Bibel sagt, gestorben. Er war in seinem

Geist gestorben. In dem Bereich, der den Menschen mit Gott verbindet, war Adam jetzt tot. Die Sünde hatte ihn von Gott getrennt; nicht äußerlich – Gott war noch da –, sondern innerlich. Es war etwas hoffnungslos zerbrochen: Adam konnte keine Gemeinschaft mehr mit Gott haben, er konnte Gott nicht mehr lieben.

Oder erinnern Sie sich bitte an das andere biblische Wort, das Paulus an die Christen nach Ephesus schreibt: „Ihr wart tot", sagte er dort. Aber die Epheser waren nicht tot, wie hätten sie sonst Christen werden können? Nein! Sie lebten genauso, wie heute Millionen Menschen in unseren christlichen Breitengraden leben. Sie hatten ihre Religion, jagten dem Vergnügen nach und versuchten, es sich so gut wie möglich auf dieser Erde einzurichten. Unter ihnen gab es Fleißige und Faule, Intelligente und Dumme, Verantwortungsbewusste und Verantwortungslose. Es war kein wesentlicher Unterschied zwischen den Ephesern des 1. Jahrhunderts und den Stuttgartern und Hamburgern des 21. Jahrhunderts. Aber die Bibel sagt, dass sie trotz aller Vitalität, trotz Bildung und Religion tot waren. Wie waren sie denn tot? Sie waren tot, weil sie ohne den einen wahren Gott lebten. Sie waren so lange tot, bis sie Jesus Christus als lebendigen Herrn in ihr totes Leben aufnahmen.

Hat sich an dieser Situation in den vergangenen zwei Jahrtausenden etwas geändert? Nein! Der Mensch des 21. Jahrhunderts ist tot inmitten einer christlichen Tradition. Es ist erschreckend, wie viele getaufte und konfirmierte oder gefirmte Tote es gibt. Habe ich recht?

Fragen Sie doch einmal Ihren Nachbarn, fragen Sie einen Schulkameraden oder den nächsten Angehörigen: Was bedeutet dir Gott? Sie werden erschreckende Antworten hören: „Gott? Nun, so sicher ist es ja gar nicht, dass es ihn gibt. Und wenn – ich habe nichts gegen ihn. Überhaupt, so ein wenig Religion kann nichts schaden. Einen Glauben hat schließlich jeder."

Eine gute Bekannte von mir, Mutter von zwei Kindern, sprach in einer Elternversammlung öffentlich von Jesus Christus. Das war an den folgenden Tagen ein aufregendes Gesprächsthema im „christlichen Dorf". „Stellen Sie sich vor, Frau X", sagte eine andere, „Frau G hat sich gestern Abend in der Schule blamiert. Sie hat beim Elternabend von ihrem Glauben an Jesus gesprochen."

Vielleicht haben auch Sie schon entdeckt, wie peinlich es ist, den Namen Jesus im Alltag auszusprechen. Warum eigentlich? Rund 60 Prozent der Menschen in unserem Land gehören doch einer christlichen Kirche an!

Jesus aber sagt: „Lass die Toten ihre Toten begraben."

Der geistliche Tod lässt sich auch noch auf eine andere Weise verdeutlichen. Stellen Sie sich vor, Sie haben in Ihrer Wohnung einen sehr teuren LCD-Fernseher, so ein richtiges Prunkstück. Alles scheint in Ordnung zu sein, aber immer, wenn Sie den Knopf drücken, erscheint auf dem Bildschirm nur ein Flimmern. Sie können machen, was Sie wollen – ein Bild bekommen Sie nicht zu sehen. So rufen Sie den Fachmann an. Er kommt und stellt fest, dass ein Kabel nicht richtig angeschlossen war. Aha – daran lag es also! Bildlich gesprochen war Ihr Fernseher tot. Da half kein freundliches Ermahnen, da half auch kein Wutausbruch. Notwendig war ein Anschluss – und dadurch kam Leben in das Gerät.

Verstehen Sie mich bitte nicht falsch – ich möchte hier keine Reklame für Fernseher machen. Ich möchte nur zeigen, dass der Mensch ohne Anschluss an Gott das echte Leben verloren hat. Die „Konstruktion Mensch" ist in Ordnung, aber wenn die Verbindung mit Gott fehlt, dann ist alles sinnlos, alles verzerrt. Da hilft keine Religion, keine Mitmenschlichkeit, da helfen auch keine frommen Klimmzüge, da kann nur der Fachmann helfen: Jesus Christus nämlich, der Sohn Gottes, der Vermittler zwischen Gott und den Menschen. Wer leben will, braucht Jesus.

Nun möchte ich Sie bitten, den folgenden Testfragen nicht auszuweichen. An Ihrer Antwort können Sie Ihren Standort erkennen. Ich frage: „Was bedeutet Ihnen Jesus Christus?" Können Sie sagen, dass er der Inhalt Ihres Lebens ist? Lieben Sie ihn? Dienen Sie ihm? Folgen Sie ihm?

Wenn Sie das nicht mit Ja beantworten können, dann sind Sie tot, tot für Gott, geistlich tot. Dann stecken Sie in einer lebensgefährlichen Situation, und es könnte Ihnen passieren, dass Sie eines Tages sterben, ohne jemals gelebt zu haben. Furchtbar! Und weil Gott nicht möchte, dass Sie am wahren Leben vorbeileben, rufe ich Ihnen das Wort der Bibel zu: „Steh auf von den Toten, so wird Christus dich erleuchten" (Epheser 5,14).

Ich möchte Ihnen im Folgenden zeigen, wie das geschehen kann.

2. Phase:
Das rettende Erwachen

Es gibt in der Bibel eine spannende Geschichte, die davon erzählt, wie ein gleichgültiger, roher Mensch plötzlich für Gott erwacht. Ich möchte sie Ihnen erzählen: Der Ort der Handlung ist Philippi. Dahin kamen eines Tages der Apostel Paulus und sein Mitarbeiter Silas. Sie ergreifen die erste Gelegenheit und predigen die gute Nachricht von Jesus.

„Gott will, dass alle Menschen gerettet werden und sie alle zur Erkenntnis der Wahrheit kommen. Denn es ist nur ein Gott und nur ein Mittler zwischen Gott und den Menschen, nämlich der Mensch Jesus Christus, der sich selbst gegeben hat zur Erlösung für alle" (1. Timotheus 2,4–6).

Die Botschaft von Jesus, dem einzigen Mittler zwischen Gott und den Menschen, trifft die Herzen der Zuhörer. Sünde wird ans Licht gebracht, Aberglauben aufgedeckt, Menschen bekehren sich. Und dann gibt es einen gewaltigen Aufruhr. Die Geschäftsleute, das einfache Volk, die Aristokratie – alles ist auf den Beinen. Die Apostel werden vor das Rathaus gezerrt. Alles schreit durcheinander. In wilder Erregung reißt man ihnen die Kleider vom Leib, peitscht sie aus und wirft sie ins Gefängnis. Und dort ist ein Gefängnisaufseher, ein besonders pflichtbewusster Mensch. Er spannt Paulus und Silas in ein Foltergerät. Aber wenige Stunden später geschieht ein Wunder. Ein Erdbeben erschüttert das Gefängnis. Türen springen auf. Ketten fallen ab. Und das größte Wunder in dieser Nacht: Der Gefängnisaufseher liegt vor Paulus auf den Knien und ruft: „Was muss ich tun, damit ich gerettet werde?" (Apostelgeschichte 16,30).

Der Mann, der noch Stunden zuvor keinerlei Interesse für Gott hatte, betet zu Jesus Christus und wird einer der ersten Christen in Philippi.

Rettendes Erwachen – das bedeutet, dass ein Mensch plötzlich aufwacht für Gott, dass einer erfasst, dass er in seiner Sünde und Gleichgültigkeit, in seiner Selbstgerechtigkeit und in seinem Hochmut verloren ist. In der Erweckung bricht die Sehnsucht nach Jesus Christus auf. Diese Erweckung erlebt der Gefängnisaufseher in Philippi, und das war der erste Schritt zum Christsein. Ohne Erweckung – ob sie sich nun plötzlich oder allmählich ereignet – kann keiner Christ werden.

Ich möchte das an einigen Erlebnissen deutlich machen.

Der Sohn eines Diplomaten wird zu unseren Vortragsabenden eingeladen. „Den Frommen werde ich einen angenehmen Abend bereiten", sagt er, steckt sich die Taschen voll Stinkbomben und setzt sich damit in die letzte Reihe. Aber bevor er die erste Stinkbombe aus der Tasche ziehen kann, hat ihn Gottes Wort getroffen. Er rennt hinaus und kommt wieder zurück. Und als der Ruf zur Entscheidung für Christus Menschen nach vorne zieht, steht er unter ihnen. Das ist Erweckung.

Ein anderer besucht einen Vortrag, weil sein Nachbar ihm keine Ruhe lässt. Er betrit den Raum nach dem Motto: „Wenn's nichts kostet, kannst du dir den frommen Quatsch ja mal anhören." Dass Gott nicht existiert, ist für ihn eine ausgemachte Sache. Aber genau an diesem Abend spürt er, wie die Hand Gottes nach seinem Leben greift. Ein Lied öffnet ihm die Augen für Gottes Liebe: „Kennst du die Kunde, dass Gott dich liebt, dass deine Sünden er dir vergibt? Mit offnen Armen lädt er dich ein. Oh, komm zu Jesus, er macht dich rein."

Und dann kommt es zu einer tiefgreifenden Lebensveränderung: Jesus Christus wird sein Herr. Jener ehemals leichtsinnige junge Mann ist heute Missionar.

Ich habe Schulklassen erlebt, die mich mit einem überlegenen Lächeln empfingen, aber nach 45 Minuten fragten sie nach Jesus Christus und nach einem neuen Leben. Das ist Erweckung.

In meinem Leben hat diese Erweckung einen längeren Zeitraum eingenommen. Es dauerte ein Jahr, bis ich es in meiner Sünde und in der Trennung von Gott nicht mehr aushielt. Aber dann hatte ich nur noch einen Wunsch: Ich wollte Jesus ganz gehören. Ich wollte Christ werden.

Ob nun ein Jahr oder eine Stunde – wichtig ist nur eines: dass Gott nach Ihnen greift. Und ich sage Ihnen: Er tut es. Vielleicht gerade jetzt.

Vielleicht kam dieses Buch Ihnen zufällig in die Hände. Plötzlich hat ein Satz Sie angesprochen. Sie lasen weiter und die Sehnsucht nach Frieden mit Gott brach in Ihnen auf, die Sehnsucht nach einem echten Christsein. Vielleicht fragen Sie zum ersten Mal in Ihrem Leben bewusst nach Gott. Das ist rettendes Erwachen.

Ist dieses Erwachen schon das Christsein? Nein, noch nicht! Aber es ist eine wichtige Voraussetzung. Jetzt muss es zur Bekehrung kommen.

3. Phase:
Die klare Umkehr

Sie kennen vielleicht die Geschichte vom verlorenen Sohn. Das war der Junge, der es zu Hause nicht mehr aushielt und der dann bei Nacht und Nebel mit dem halben Vermögen seines Vaters davonging. Aber die selbst gewählte Freiheit endete nach einigen Monaten im völligen Bankrott. Er landete buchstäblich bei den Schweinen, und dort wachte er auf. Es kam zur Erweckung. Er sagte: „Ich will mich aufmachen und zu meinem Vater gehen und zu ihm sagen: Vater, ich habe gesündigt" (Lukas 15,18). Nun meine Frage: War der verlorene Sohn mit dieser Einsicht schon beim Vater? Nein, er saß noch mitten unter den grunzenden Schweinen. Auf den nächsten Schritt kam es jetzt an. Und diesen Schritt tat er. Die Bibel sagt: „Und er machte sich auf und kam zu seinem Vater" (Lukas 15,20).

Dieses „Sich-Aufmachen" bezeichnet die Bibel mit Bekehrung. Eine Erweckung, die nicht zur Bekehrung führt, ist sinnlos. Da fällt der Mensch zurück in sein altes, gleichgültiges, abgestumpftes Leben. Ich mache das an einem Beispiel deutlich:

Leon ist ein klasse Junge. Er kommt mit dem Leben prima zurecht; es gibt da nur einen kleinen Schönheitsfehler; das ist das Aufstehen am Morgen. Gerade ist es wieder 6:30 Uhr und die Mutter rüstet sich zum morgendlichen Kampf. Sie klopft, sie ruft, sie rüttelt. Endlich macht er die Augen auf. Ist nun der Kampf gewonnen? Nein, jetzt geht es in die schwierigste Runde: Leon muss heraus aus dem Bett, sonst war alles umsonst. Kennen Sie auch solche Situationen, in denen Sie nach dem Erwachen wieder fröhlich eingeschlafen sind?

Übertragen Sie bitte dieses Bild: Erweckung hat nur Sinn, wenn es zur Bekehrung kommt. Aufwachen hat nur Sinn, wenn es zum Aufstehen kommt. Wenn Gott Sie wachgerüttelt hat – wodurch auch immer –, dann muss es jetzt zu einer klaren und kompromisslosen Bekehrung kommen. Und ich möchte sehr deutlich sagen: Es muss eine Bekehrung zu Jesus sein, eine Bekehrung zu dem Retter der Welt.

Die Bibel sagt: „Willst du dich bekehren, spricht der Herr, so kehre dich zu mir" (Jeremia 4,1). Und Jesus Christus sagt zu Paulus: „Dazu bin ich dir erschienen, um dich zu meinem Diener zu machen ... und dich zu meinem Volk und zu den Heiden zu senden, um ihnen die Augen zu öffnen, damit sie sich von der Finsternis zum Licht und von der Gewalt Satans zu Gott bekehren" (Apostelgeschichte 26,16–18).

Bei einer echten Bekehrung steht immer der lebendige Gott im Mittelpunkt. Zu ihm hin muss sich der Mensch bekehren. Alles andere ist religiöse Schaumschlägerei. Wenn der Mensch nicht mit allen Fasern seines Herzens zu Jesus kommt und sich an ihn für Zeit und Ewigkeit bindet, dann war das keine biblische Bekehrung. Jesus Christus sagte: „Ich bin der Weg und die Wahrheit und das Leben; niemand kommt zum Vater außer durch mich" (Johannes 14,6).

Sie wollen den Weg gehen, der zum ewigen Ziel führt? Dann binden Sie sich an Jesus! Er hat gesagt: „Ich bin der Weg."

Sie wollen die Wahrheit erkennen, die Ihr Leben verändert? Dann vertrauen Sie sich Jesus an! Er hat gesagt: „Ich bin die Wahrheit."

Sie wollen das Leben haben, das sich wirklich lohnt? Dann kommen Sie zu Jesus! Er hat gesagt: „Ich bin das Leben."

Diese kompromisslose Bekehrung zu Jesus Christus ist der wichtigste Schritt, den Sie in Ihrem Leben tun können. Aber Sie müssen ihn selbst tun. Keiner kann Ihnen das abnehmen. Bis auf diesen Schritt hat Gott alles für Sie getan. Er hat seinen Sohn für Sie am Kreuz geopfert. Er ist Ihnen jahrelang nachgegangen. Er hat Sie wachgerüttelt. Er streckt Ihnen seine Hände entgegen. Er ruft Sie. Nun ist es an Ihnen, Antwort zu geben. Und hier fallen die Würfel für Zeit und Ewigkeit.

In meinem Leben geschah das an einem Junitag 1956. Gott hatte mich erweckt. Ich erkannte die Liebe Jesu, und ich hatte nur noch den einen Wunsch, errettet zu werden. Eine Sehnsucht brannte in meinem Herzen: Ich wollte Jesus ganz gehören. Ich wollte – und dieses Wollen hatte Gott in mich hineingelegt –, aber das alles wäre versandet, wenn ich nicht niedergekniet wäre, um Jesus mit allen Konsequenzen mein Leben zu überlassen.

Während ich das schreibe, liegt neben mir ein vergilbter, kleiner Zettel. Auf ihm steht:

Meine Entscheidung für Christus. Dem Ruf des Evangeliums folgend, übergebe ich mich dem Herrn Jesus Christus als meinem Heiland und Erlöser. Ich danke Gott, dass er durch das Blut Jesu auch meine Schuld getilgt hat und mein versöhnter Vater im Himmel geworden ist. Ihm will ich gehören für Zeit und Ewigkeit.

Weißenburg, den 17.6. 56
Friedhold Vogel.

Was hindert Sie daran, jetzt niederzuknien und sich Jesus ganz anzuvertrauen? Was hindert Sie daran, jetzt irgendwo hinzugehen, wo Sie allein mit Jesus sprechen können, um ihm ein ganzes Ja zu geben? Er ist unsichtbar und doch ganz real bei Ihnen. Sie können Christ werden, wenn Sie nur wollen.

Viele, die vor einer solchen Entscheidung stehen, haben eine brennende Frage: Was geschieht, wenn ich mich zu Jesus Christus bekehre?

4. Phase:
Die neue Geburt

Heute gibt es viele Millionen Menschen, die von einem Tag berichten können, an dem ihr Leben neu wurde. Sie nennen ihn den Tag ihrer Wiedergeburt.

Charles W. Colson, ehemaliger Sonderberater von Präsident Nixon und Hauptfigur im Watergate-Skandal, schrieb ein Buch über sein Leben. Der Titel der amerikanischen Ausgabe lautet: *Born again** (Wiedergeboren). Darin berichtet Colson von einem Freitagmorgen, an dem nach Wochen des Suchens nach Gott die Worte über seine Lippen kamen: „Herr Jesus, ich glaube dir. Ich nehme dich an. Bitte komm in mein Leben. Ich übergebe es dir."

Colson schreibt: „Mit diesen wenigen Worten an jenem Morgen erfuhr ich Kraft und heitere Gelassenheit, eine wunderbare, neue Sicherheit im Blick auf das Leben, eine neue Selbst- und Welteinschätzung. Alte Ängste, Anspannungen und Vorbehalte schmolzen dahin. Plötzlich wurden mir Dinge wichtig, die ich nie zuvor wahrgenommen hatte. Es war, als ob Gott

---

* Deutsche Ausgabe: Charles W. Colson, Watergate – wie es noch keiner sah, Hänssler-Verlag, Neuhausen-Stuttgart 1977

das unfruchtbare Vakuum, das ich so lange Monate empfunden hatte, bis zum Rand mit einem ganz neuen Bewusstsein füllte." Das war seine neue Geburt.

Einmal schrieb mir eine Schülerin: „Sie können sich nicht denken, wie glücklich ich jetzt bin. Ich bin so froh, dass Jesus Christus mich angenommen hat. Es ist wunderbar zu wissen, dass er mich liebt."

Diese Schülerin hatte nach einem Vortrag, den ich gehalten hatte, verzweifelt am Ausgang gestanden. Ihre Vergangenheit war trostlos und erschütternd. Noch an diesem Abend war sie niedergekniet und hatte Jesus Christus gebeten, ihr Leben in seine Hand zu nehmen. Sie war von neuem geboren worden.

Der weltweit bekannte Evangelist Billy Graham sagt: „Nur Gott kann uns die Wiedergeburt schenken, die wir so verzweifelt wollen und brauchen. Nach meiner Überzeugung ist dies eines der wichtigsten Themen überhaupt."

Nun – das Thema der Wiedergeburt ist nicht neu, es ist sehr alt. Schon Jesus Christus hat darüber gesprochen. Er sagte zu einem Theologen aus Jerusalem: „Wenn einer nicht von neuem geboren wird, kann er das Reich Gottes nicht sehen" (Johannes 3,3).

Was ist die neue Geburt? Sie ist das machtvolle Handeln Gottes an mir, wenn ich mich zu ihm gewandt habe. Wenn Sie Jesus Christus in Ihr Leben aufnehmen und sich ihm völlig anvertrauen, dann legt Gott seinen Geist in Sie hinein. Dadurch werden Sie ein neuer Mensch. Sie werden durch diese geistliche Geburt ein Kind Gottes. Das ist das größte Wunder, das es zwischen Himmel und Erde gibt. Niemals reichen menschliche Worte aus, um dieses Wunder zu beschreiben.

Die Bibel sagt: „Allen aber, die Jesus aufnahmen und an seinen Namen glaubten, denen gab er Macht, Gottes Kinder zu werden, die durch Gott geboren sind" (Johannes 1,12).

Ihre menschliche Geburt war der Einstieg in diese Welt, Ihre göttliche Geburt wird der Einstieg in Gottes, für uns jetzt noch unsichtbare Welt sein. Aber es ist eine reale Erfahrung. Es ist eine reale innere Erneuerung Ihres Lebens. Nur wiedergeborene Menschen können Christsein leben.

Es ist wichtig zu wissen, dass uns die Wiedergeburt nicht aus allen Problemen unseres Lebens herausführt. Wesentliche Probleme werden schlagartig gelöst werden – vielleicht bei Ihnen das Problem der Einsamkeit oder das der Angst oder das der Sinnlosigkeit. Andere Probleme werden Sie weiterhin bedrängen. Neu aber ist die Kraft in Ihnen, die Kraft des Heiligen Geistes, mit der Sie allen Problemen entgegentreten können. Und neu ist die Gewissheit, dass Jesus Christus, der Sohn Gottes, auf Ihrer Seite steht. Wenn Sie ihm völlig vertrauen und ihm die Treue halten, dann werden Sie mit dem Apostel Paulus sprechen können: „Alles vermag ich durch Jesus Christus, der mich stark macht" (Philipper 4,13).

Eine offene Frage

Es gibt nach alledem, was ich hier gesagt habe, noch eine offene Frage: Was wollen Sie jetzt tun? Was wollen Sie mit Jesus tun? Die Antwort auf diese Frage kann Ihnen niemand abnehmen. Sie ist entscheidend für Ihr ganzes Leben. Darum möchte ich Ihnen zum Schluss noch einmal zeigen, was Jesus für Sie getan hat. Gehen Sie bitte im Geist mit auf den Hinrichtungsplatz, der außerhalb der Stadt Jerusalem liegt:

Wir sehen eine aufgeregte Volksmenge. Geschrei, Fluchen der römischen Legionäre, Hammerschläge. Drei Kreuze werden aufgerichtet. Links hängt ein Mörder, rechts hängt ein Mörder. Ihr Leben steht in ihren Gesichtern geschrieben. Ein entsetzliches Leben voller Dunkelheit und Sünde. Aber der Mann, der am mittleren Kreuz angenagelt ist, gehört nicht zu ihnen. Es ist Jesus, der Sohn Gottes. Er trägt eine Dornenkrone und sein Gesicht ist entsetzlich zugerichtet. Stunden furchtbarer Qual am Kreuz vergehen. Und dann öffnet sich noch einmal der Mund des sterbenden Gottessohnes und über seine Lippen kommen die Worte: „Es ist vollbracht."

Jesus Christus ruft diese Worte hinein in die Welt der Verlorenen, in die Welt der von Gott Getrennten, in die Welt der Sünder. Er spricht es hinein in alles Einsamsein und Leiden und Suchen, in alles Verlangen und Sehnen: „Es ist vollbracht." Das heißt: Jetzt habe ich die Tür zum Reich Gottes aufgestoßen. Jetzt habe ich die Vergebung der Sünden für alle Menschen ermöglicht. Jetzt können quälende Leidenschaften gesprengt werden. Jetzt gibt es für alle, die wollen, Frieden mit Gott. Jetzt muss keiner mehr einsam sein. „Es ist vollbracht."

Und nun das Wunderbare: Jesus Christus ist auferstanden von den Toten. Er lebt. Er lebt heute und ist unsichtbar und doch real gegenwärtig. Sie können ihn jetzt einladen, Herr und Erlöser Ihres Lebens zu werden. Ich möchte Sie bitten: Tun Sie es doch! Gehen Sie am Leben nicht vorbei!

Jesus Christus selbst ermutigt Sie, diesen Schritt zu tun, indem er sagt: „Ich bin gekommen, damit sie das Leben und volle Genüge haben sollen" (Johannes 10, 10).

Gott begegnen – wer kann das?

Vor einem Gymnasium stieß ich während der großen Pause auf eine Gruppe junger Menschen. Ich lud sie zu einer christlichen Veranstaltung ein, und so kamen wir ins Gespräch über Glaubensfragen. Einer der jungen Männer sagte im Laufe der Unterhaltung: „Christsein? Das ist viel zu schwer. Das schafft ja keiner."

Gespannt warteten alle auf meine Reaktion. „Junge", sagte ich, „du hast den Nagel auf den Kopf getroffen. Du hast hundertprozentig recht. Christsein schafft kein Mensch – und es muss auch kein Mensch schaffen. Nur einen gibt es, der Christsein wirklich leben kann, und das ist Jesus Christus. Und siehst du, Jesus Christus möchte in dein Leben kommen, um in dir das Christsein zu leben."

Gespannt hörten die Jugendlichen zu, während ich ihnen dieses Geheimnis erklärte. Der Apostel Paulus hat es mit den folgenden Worten beschrieben: „Nun lebe nicht mehr ich, sondern Christus lebt in mir" (Galater 2,20).

In meinem Leben habe ich an dieser Stelle zuerst enttäuschende Erfahrungen gemacht. Das war in der

Zeit, als ich auf der Suche nach Gott war. Ich gab mir alle Mühe, Christ zu sein. Ich wollte meinen Nächsten lieben, aber es scheiterte sehr oft an der Barriere der Antipathie, am Neid und an meinem Egoismus. Ich kannte das Gebot der Nächstenliebe: „Du sollst deinen Nächsten lieben wie dich selbst" (Matthäus 22,39). Und ich wusste um die Aufforderung zur Feindeslie-be: „Liebt eure Feinde und bittet für die, die euch verfolgen" (Matthäus 5,44). Aber ich schaffte es einfach nicht.

Schließlich legte ich mir ein Heft an, in das ich jeden Abend meine Fehler einschrieb. Es war mein fester Vorsatz, sie nicht mehr zu begehen. Aber ich musste feststellen, dass auch dieser Weg keine Hilfe brachte. Was ich an negativen Dingen endlich unter den Füßen zu haben schien, war Tage später wieder lebendig. Da war die Lüge, die ich nicht wollte. Da waren Angeberei und Hochmut. Da waren Unzufriedenheit und Ärger. Eine verzweifelte Situation. Äußerlich schien bei mir alles in Ordnung zu sein. Ich ging zur Kirche, war hilfs-bereit und freundlich. Aber in meinem Inneren war ich zerrissen. Ich hatte mehr als zwei Gesichter – und mein Gewissen verurteilte mich.

In einem Buch las ich den Satz: „Man kann nicht Äpfel pflücken, wo noch kein Baum gepflanzt ist." Genau das war mein Fehler. Ich wollte als Christ leben, bevor ich ein Christ war. Das *musste* schiefgehen. Dann kam die Zeit, in der ich das erkannte. Ich bat Jesus, der Herr meines Lebens zu werden, und das war die Wende. – Ein völlig neues, ein ganz anderes Leben begann. Die Bibel bezeichnet dieses neue Leben mit den Worten: „Christus in euch" (Kolosser 1,27).

Nun möchte ich Ihnen eine alles entscheidende Frage stellen. Können Sie bezeugen: „Christus lebt in mir"? Wenn das nicht der Fall ist, dann ist jede Anstrengung in Ihrem Leben, Christ zu sein, ein völliger Fehlschlag. Und ich sage Ihnen: Je mehr Sie sich selbst abmühen, desto aussichtsloser wird es sein.

Christsein schafft allein Christus in Ihnen. Um diese befreiende Erfahrung machen zu können, sind drei Schritte notwendig ...

1. Erkennen Sie, dass Jesus Christus lebt

Am Armaturenbrett meines Wagens steckt eine kleine Karte mit den Worten aus dem 24. Kapitel des Lukasevangeliums: „Der Herr ist wahrhaftig auferstanden." Immer, wenn ich das lese, erfüllt mich eine große Freude. Ich habe einen lebendigen Gott. Ich folge keinem Dogma nach, sondern dem auferstandenen Sohn Gottes. Ich bin nicht von einer Ideologie erfüllt, sondern von dem heute lebenden Jesus Christus. Ich klammere mich nicht an einer Religion fest, sondern werde von dem auferstandenen Herrn gehalten und geführt. Das ist das Revolutionäre am Christsein. Gibt es etwas Vergleichbares?

Das Grab des großen Religionsstifters Mohammed kann jeder Moslem besichtigen. Seine Knochen sind noch da.

Buddha wurde verbrannt. Seine Asche streute man auf zehn indische Städte.

Am Roten Platz in Moskau liegen in einem Sarg die einbalsamierten Überreste Lenins.

Bei jeder großen Persönlichkeit der Menschheitsgeschichte gibt es zwei Jahreszahlen: geboren und gestorben. Davon ist keiner ausgenommen.

Jesus Christus wurde in einem Stall in der kleinen Stadt Bethlehem geboren. Er starb an einem Kreuz auf der Hinrichtungsstätte bei Jerusalem. Dann aber durchbrach er als der Erste diesen Ereignishorizont des Todes. Davon spricht die Bibel.

Was mich beim Lesen der biblischen Auferstehungsberichte fasziniert, ist die Tatsache, dass alle Schreiber – und einige von ihnen waren Augenzeugen – ungeheuren Wert darauf legten, dass Jesus Christus wirklich auferstanden ist. Hier geht es um echte Erfahrungen und nicht um Visionen. Alles ist handfest, lokalisierbar, lebensnah.

An jenem Ostermorgen wurde Maria Magdalena aus ihrer abgrundtiefen Trauer herausgerissen, als Jesus sie mit ihrem Namen ansprach. Das war unvergesslich für sie (Johannes 20,11–18). Kurz danach stand er vor Petrus, der gerade nach Jerusalem zurückeilte (1. Korinther 15,5). Noch am gleichen Morgen befasste sich der Hohe Rat, die höchste religiöse und politische Instanz in Israel, mit diesem Ereignis. Römische Legionäre, die das Grab Jesu bewachten, waren völlig verstört beim Hohenpriester erschienen und hatten ihm alles erzählt (Matthäus 28,11–12). An diesem Abend begleitete Jesus Christus zwei seiner Jünger nach Emmaus. Auf dem Weg erklärte er ihnen das Geheimnis seines Sterbens für die Welt (Lukas 24,13–32). Dann überraschte er noch nachts seine engsten Freunde, die sich aus Furcht vor Verfolgung in einem Haus verbarrikadiert hatten. Die entsetzten Männer grüßte er mit den Worten: „Friede sei mit euch" (Johannes 20,19–23).

Der Arzt Lukas schreibt: „Jesus zeigte sich seinen Jüngern nach seinem Leiden durch viele Beweise als der Lebendige; vierzig Tage lang ließ er sich unter ihnen sehen und redete mit ihnen vom Reich Gottes" (Apostelgeschichte 1,3).

Die Christen in Korinth informiert der Apostel Paulus in einem Brief: „Jesus erschien mehr als fünfhundert Brüdern auf einmal, von denen die meisten noch heute leben" (1. Korinther 15,6).

Ich frage Sie: Sind diese Berichte Wahrheit oder Lüge? Kein ernstzunehmender Denker kann an dieser Stelle von Betrug sprechen, denn diese Zeugnisse halten an Aussagekraft, Erfahrungsinhalt und Nüchternheit jeder juristischen Prüfung stand.

Echtes Christsein gründet auf dem Faktum der Auferstehung Jesu. Seine Auferstehung beweist, dass er Gott ist. Und seine Auferstehung gibt mir die Möglichkeit, heute Jesus Christus zu erleben.

An dieser Stelle möchte ich Ihnen von Kim erzählen. Ich lernte ihn während einer missionarischen Woche in Berlin kennen. Er war gerade von einer Indienreise zurückgekommen und hatte sich völlig einem Guru und seiner Lehre verschrieben. Nun hörte er zum ersten Mal bewusst die gute Nachricht von Jesus Christus. Nach jeder Abendveranstaltung führten wir mit Kim Gespräche. Er war sehr liebenswürdig, sehr höflich – aber es schien trotzdem alles umsonst zu sein.

Zwei Wochen später lag ein Brief von Kim auf meinem Schreibtisch. Voller Spannung öffnete ich ihn und las:

Lieber Freund Friedhold,
ich habe Dir eine erfreuliche Nachricht zu übermitteln.
Die Zeit des Zweifelns und der Unsicherheit ist vorbei.

Ich habe mich für Jesus entschieden. Das geschah ganz plötzlich, während meiner Arbeit, als ich wieder einmal hin und her überlegte über einige Bibelstellen und über unsere Gespräche. Plötzlich wusste ich es, nachdem ein starker Kampf in meinem Innern tobte, dass nur Jesus der Weg und die Wahrheit ist. Eine Stimme in mir sagte: ,Kim, entscheide dich.' Und da sagte ich: ,Hier hast du mein Leben!' Ich will Jesus Christus von ganzem Herzen gehören. Er hat meine Gebete erhört. Er hat mich zu Euch geschickt. Er hat meine anderen ,Termine' abgesagt und mich freigemacht, Gottes Wort zu hören und es vor allem auch anzunehmen. Ich will nicht mehr zurück. Er soll der Inhalt meines Lebens sein.

Ich kann es noch nicht glauben, dass ich zu Jesus gehören darf, ich, der ich seiner unwürdig bin, ein egoistischer Mensch, voller Lüge und Sünde. Welche Liebe kann das alles verzeihen? Jetzt weiß ich es.

Danke!

Kim

Das geschah etwa 1950 Jahre nach der Auferstehung Jesu. Sicher, es war anders als damals in der Runde der Jünger. Kim hatte Jesus nicht gesehen, und doch war die Erfahrung so real, dass sie sein Leben völlig veränderte.

„Der Herr ist wahrhaftig auferstanden!" – Das gibt Mut, Christ zu werden. Er schafft es – er allein.

Diesem ersten Schritt, diesem Erkennen, dass Jesus lebt, folgt nun ein zweiter.

2. Öffnen Sie sich ganz für Jesus Christus

Hören Sie bitte noch einmal ganz genau auf das Bekenntnis des Apostels Paulus: „Nun lebe nicht mehr ich, sondern Christus lebt in mir" (Galater 2,20).

Von dem einen Teil dieses Verses – „Christus lebt" – habe ich gerade gesprochen. Aber nun steht da nicht nur „Christus lebt", sondern es heißt: „Christus lebt in mir." Dahin muss es kommen, wenn ich die befreiende Kraft des Christseins erleben will. Es ist eine atemberaubende Tatsache, dass Jesus lebt, aber wenn er nicht in mir lebt, das heißt, wenn ich ihn nicht persönlich kennenlerne und seine Kraft erfahre, dann gehe ich leer aus.

Und nun hoffe ich, dass Sie jetzt eine Frage brennend interessiert: Wie kann ich das „Christus lebt in mir" erfahren? Das möchte ich anhand einiger Punkte aufzeigen.

1. Punkt:
Bitten Sie Jesus Christus um ein echtes Wollen!
Es gibt ja unwahrscheinlich viele oberflächliche Menschen. Sie können sich schnell für etwas begeistern, aber nach einigen Tagen ist alles wieder verflogen. Mit solchen Leuten kann Gott nichts anfangen. Da muss

es erst zu einer tief gehenden Erschütterung kommen und zu einem ernsten Wollen. Sie müssen wirklich von Herzen eines wollen, nämlich dass Jesus Christus in Ihr Leben kommt.

Neulich saß ein junger Mann in meinem Arbeitszimmer. Er beichtete eine furchtbare Bindung, eine lebenszerstörende Leidenschaft. „Ich brauche Vergebung", sagte er. „Ich brauche Befreiung." Ich versuchte ihm klarzumachen, dass er mehr als nur Vergebung und Befreiung brauche. Jesus Christus musste in sein Leben kommen – das war die Lösung seiner Nöte. Und da kam heraus, dass er das nicht wollte. Vergebung? – Ja! Befreiung? – Ja! Aber nicht den Sohn Gottes. Das Lebenssteuer sollte in der eigenen Hand bleiben.

Vielleicht sieht das bei Ihnen ähnlich aus. Sie wollen etwas von Jesus Christus – Kraft, Heilung, Liebe, Geborgenheit –, aber Sie wollen nicht ihn selbst. Und sehen Sie, das geht nicht.

Die Bibel sagt: „Denn es hat Gott gefallen, mit seiner ganzen Fülle in Jesus zu wohnen" (Kolosser,19), und: „Denn in Jesus wohnt die ganze Fülle der Gottheit leibhaftig, und an dieser Fülle habt ihr teil in ihm" (Kolosser 2,9–10). Die Fülle aller göttlichen Gaben, die Fülle zum Glücklichsein, erhalten wir, wenn Jesus Christus in unser Leben kommt, weil die Fülle Gottes in ihm wohnt.

Sie müssen dahin kommen, dass Sie nur noch eins wollen, nämlich dass Jesus selbst in Ihr Leben kommt. Bitten Sie Gott um diese Sehnsucht und fangen Sie noch heute damit an.

2. Punkt:
Nehmen Sie Jesus Christus in Ihr Leben auf!

Die Bibel sagt: „Allen aber, die Jesus aufnahmen, gab er Macht, Gottes Kinder zu werden" (Johannes 1,12).

Das ist ein Schlüsselwort zum Christwerden. Und ich darf Ihnen versichern, dass Jesus, wenn Sie ihn aufrichtig darum bitten, in Ihr Leben kommt. Seine Verheißungen kennen keine Ausnahme von der Regel. Er, der am Kreuz auch für Ihre Sünden und für allen Unglauben gestorben ist, wartet ja nur darauf, dass Sie endlich ernst machen. Es ist grauenhaft, wie viel Verkrampfung und wie viele falsche Vorstellungen es an dieser Stelle gibt.

Dazu muss ich Ihnen noch eine Erfahrung berichten: Ich hatte in meiner Gemeinde einen ganz treuen Mitarbeiter – einen Schreinermeister. Er war, bevor er Christ wurde, so ein richtiger Haudegen, dem keiner gern zu nahe trat. Wochentags saß er im Wirtshaus und sonntags dressierte er seine Hunde. Dieser Mann wurde eines Tages zu einer biblischen Vortragsreihe eingeladen – und er kam. Gottes Wort traf sein Gewissen. An einem Abend sagte er zu seiner Frau: „Morgen entscheide ich mich für Jesus!" Seine Frau fiel aus allen Wolken. „Du?", entgegnete sie. „Du musst dich zuerst ändern. So wie du bist, kannst du nicht Christ werden." Das wirkte wie ein Keulenschlag. Ihm sank alle Hoffnung. So saß er am nächsten Abend wieder unter dem Wort Gottes. Und an diesem Abend sagte der Prediger: „Sie dürfen so zu Jesus kommen, wie Sie sind. Keiner muss sich erst besser machen. Nehmen Sie Jesus Christus in Ihr Leben auf, und dann wird er Sie verändern!" Das war der befreiende Startschuss. Jener

Schreinermeister trat nach vorne, und es kam zu einer völligen Lebenswende.

Wenn Sie sich wirklich danach sehnen, dann dürfen Sie Jesus bitten, in Ihr Leben zu kommen. Sie brauchen sich nicht besser zu machen; das ist Gottes Sache.

3. Punkt:
Räumen Sie die Dinge aus, die Gott nicht gefallen!

Dabei dürfen Sie wissen, dass Gott niemals „Nein" zu etwas sagt, das gut für Sie wäre. Gottes Ziel ist es, Ihnen ein erfülltes und glückliches Leben zu schenken. Darum möchte er, dass Sie sich von dem lösen, was Sie unglücklich macht. Gott allein weiß, was gut und was nicht gut für Sie ist. Vertrauen Sie ihm völlig.

In der Praxis kann das ähnlich aussehen wie bei jenem Schreinermeister, der Jesus Christus in sein Leben aufnahm. Er ging dann noch einmal in seine Stammkneipe und verabschiedete sich vom Wirt mit einem klaren Bekenntnis zu Jesus Christus. Er wusste: Da gehöre ich jetzt nicht mehr hin. Er hat ausgeräumt, damit Jesus ganz einziehen konnte. Diese Kraft, sein Leben zu ordnen, erhielt er von Jesus Christus.

Ich weiß nicht, was Sie ausräumen müssen, aber Gott wird es Ihnen zeigen, und Christus in Ihnen wird Sie freimachen von den Dingen, die Ihr Leben zerstören.

Im Rückblick auf sein Leben schreibt der Apostel Paulus: „Was mir früher Gewinn war, das habe ich um Christi willen für Schaden geachtet. Ja, ich achte es noch alles für Schaden gegenüber der überschwänglichen Erkenntnis Christi Jesu, meines Herrn. Um seinetwillen ist mir das alles ein Schaden geworden, und ich achte es für Dreck, damit ich Christus gewinne" (Philipper 3,7–8).

4. Punkt:
Übergeben Sie Jesus Christus alle Lebensbereiche!

Seine Kraft und Liebe soll sich in allen Bereichen Ihres Lebens entfalten können, vertrauen Sie ihm darum alles an: Ihren Leib und Ihren Besitz, Ihre Familie und Ihr Hobby, Ihre Zeit und Ihre Zukunft, Arbeit und Schule, Menschen, die Sie lieben, und Menschen, die Sie nicht lieben können, alle Sorgen und alle Sehnsucht einfach alles, kompromisslos alles. Was Sie nicht unter seine Herrschaft stellen, wird Sie früher oder später versklaven.

Unvergesslich ist mir, was mir einmal ein Mitarbeiter erzählte. Er berichtete, dass er zwar Jesus Christus in sein Leben aufgenommen hatte, aber nicht bereit war, seine berufliche Arbeit unter die Herrschaft Jesu zu stellen. Er sagte: „Zuerst kam die Arbeit und dann kam Jesus. Aber so konnte Gott mich nicht gebrauchen." Plötzlich kam es zu einer entscheidenden Krise. Er wurde lebensgefährlich krank und hatte Zeit, über sein inneres Verhältnis zu Jesus Christus nachzudenken. Und dort öffnete er auch diesen Bereich für Jesus. Von der Stunde an wurde er ein brauchbares Werkzeug in Gottes Hand.

„Christus lebt in mir." – Wenn Sie wirklich leben wollen, dann müssen Sie zu dieser Erfahrung kommen.

Noch einen dritten Schritt zur Verwirklichung dieses Wortes möchte ich Ihnen nun zeigen.

3. Stellen Sie sich jeden Tag neu Jesus Christus zur Verfügung

Sie können als Christ auf zwei Ebenen leben. Die eine ist, dass Sie zwar Christus in Ihr Leben aufgenommen haben, aber trotzdem Ihr eigenes Leben führen. Sie fragen nicht nach seinem Willen und leben nicht aus seiner Kraft. Die andere Ebene ist, dass Sie sich Jesus Christus ganz zur Verfügung stellen, sodass er in Ihnen und durch Sie hindurch leben kann. Diese Ebene bezeugt Paulus, wenn er sagt: „Nun lebe nicht mehr ich, sondern Christus lebt in mir" (Galater 2,20).

„Nun lebe nicht mehr ich." – Das heißt: Ich habe mich Jesus ganz zur Verfügung gestellt. Wo ich lebe, lebe ich für ihn.

Vielleicht fragen Sie entsetzt: Ist das nicht dann ein entsetzliches Roboterleben, eine furchtbare Entpersönlichung?

Nein, denn es ist Hingabe aus Liebe. Es ist eine herrliche Lebenserweiterung, weil er Ihr Bestes im Auge hat. Der König David schreibt: „Du stellst meine Füße auf weiten Raum" (Psalm 31,9).

Von dieser lebenserweiternden Hingabe spricht die Bibel: „Jesus ist darum für alle gestorben, damit die Lebenden hinfort nicht für sich selbst leben, sondern für den, der für sie gestorben und auferstanden ist" (2. Korinther 5,15).

Ich kenne nur einen Weg dahin: Beginnen Sie, wenn Sie Jesus Christus in Ihr Leben aufgenommen haben, jeden Tag mit einer neuen und ganzen Hingabe an ihn. Sagen Sie ihm: „Herr, heute will ich dir ungeteilt zur Verfügung stehen. Ich möchte dir mein Denken öffnen, dass du es lenkst. Ich möchte dir meinen Willen unterstellen, dass ich tue, was du willst. Ich möchte dir meine Gefühle anvertrauen, dass du sie heiligst. Ich möchte dir meinen Leib hinlegen, dass er ein Tempel für deinen Geist sein kann. Ich möchte dir meine Hände zur Verfügung stellen, dass sie dein Werk tun. Ich möchte dir meinen Mund weihen, dass er deine Worte weitersagt. Alles ist dein."

Und dann gehen Sie fröhlich in den Tag hinein mit dem Wissen, dass der auferstandene Herr in Ihnen ist und mit ihm die Herrlichkeit Gottes.

Ich erlebe das – warum sollten Sie es nicht auch erleben?

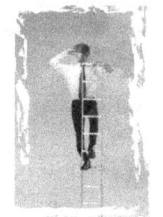

Das ist die Frage ...

Und das ist die Frage, die ich noch einmal an Sie stellen möchte: „Was hindert Sie daran, heute Jesus Christus in Ihr Leben aufzunehmen?" Viele Menschen habe ich nach Glaubensgesprächen so gefragt. Zum Beispiel einen Bundeswehrsoldaten.

„Nichts hindert mich daran", sagte er sehr offen. „Und wann wollen Sie Jesus Christus in Ihr Leben aufnehmen?," fragte ich zurück. „Jetzt", war die klare Antwort. „Dann werde ich zuerst für Sie beten und dann dürfen Sie selbst mit Jesus Christus sprechen. Sie sollten sich jetzt überlegen, was Sie Jesus Christus sagen wollen." Er überlegte und antwortete: „Ich möchte ihm sagen, dass er in mein Leben kommen soll. Und ich möchte ihn um die Vergebung meiner Sünden bitten." – „Und wie lange wollen Sie Jesus Christus gehören?", fragte ich noch. „Bis an mein Lebensende", war die Antwort. Aber dann fügte er schnell hinzu: „Bis in Ewigkeit – für immer!" Danach knieten wir in meinem Arbeitszimmer nieder, und wie schon so oft hat ein Mensch das größte aller Wunder erlebt. Jesus sagt: „Ich will bei ihm wohnen." Das können auch Sie erleben – heute –, wenn Sie diesen Schritt der Entscheidung tun.

Wolfgang Seit (Hrsg.)
Ich wollte einfach glücklich sein
Persönliche Berichte von Menschen,
die Gott gefunden haben

Wer will das nicht – einfach glücklich sein? Doch wo
findet man das echte Glück?
Lesen Sie die persönlichen Berichte von Menschen,
die auf der Suche waren nach dem Sinn des Lebens,
nach echter Erfüllung und wahrem Glück – und die
es auch gefunden haben.

Taschenbuch, 96 Seiten
Best.-Nr. 271.020
ISBN 978-3-86353-020-4

Hartmut Jaeger/Markus Wäsch (Hrsg.)
Kurzgefasst

In der Reihe *kurzgefasst* werden zentrale Glaubens-
themen kurz und bündig behandelt, und es wird
versucht, das Wichtigste auf den Punkt zu bringen.

Bisher in dieser Reihe erschienen:

Jesus Christus
Tb., 64 S.
Best.-Nr. 273.910
ISBN 978-3-89436-910-1

Existiert Gott
Tb., 64 S.
Best.-Nr. 273.938
ISBN 978-3-89436-938-5

Die Bibel
Tb., 64 S.
Best.-Nr. 273.911
ISBN 978-3-89436-911-8

Leben nach dem Tod
Tb., 64 S.
Best.-Nr. 273.973
ISBN 978-3-89436-973-6

Was bringt Religion?
Tb., 64 S.
Best.-Nr. 271.102
ISBN 978-3-86353-102-7

Leben – und wozu?
Tb., 64 S.
Best.-Nr. 271.153
ISBN 978-3-86353-153-9